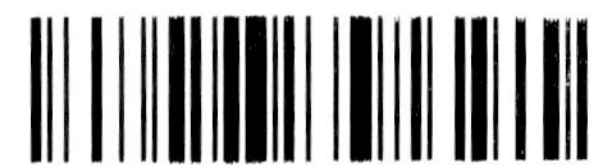
I0698471

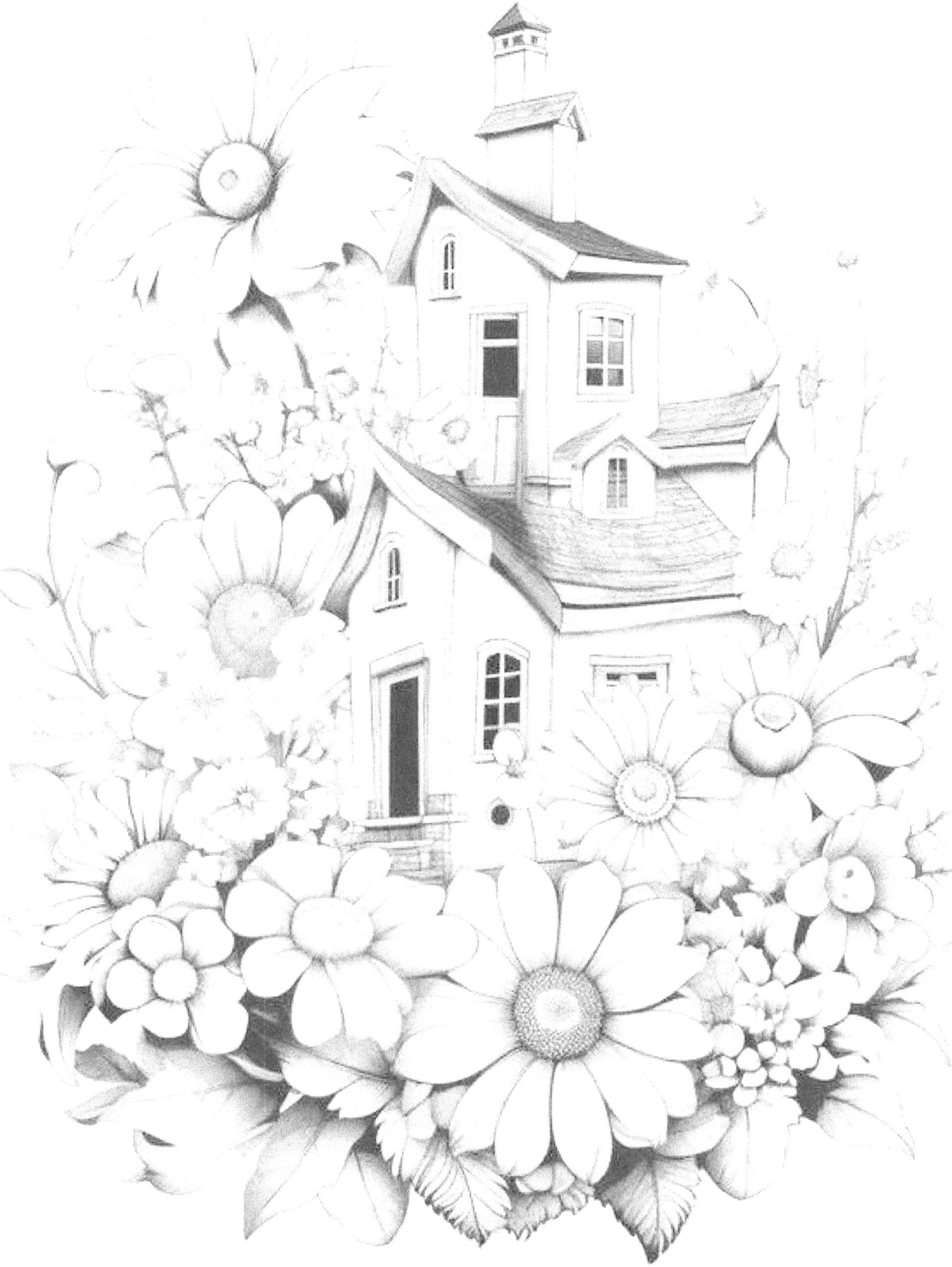

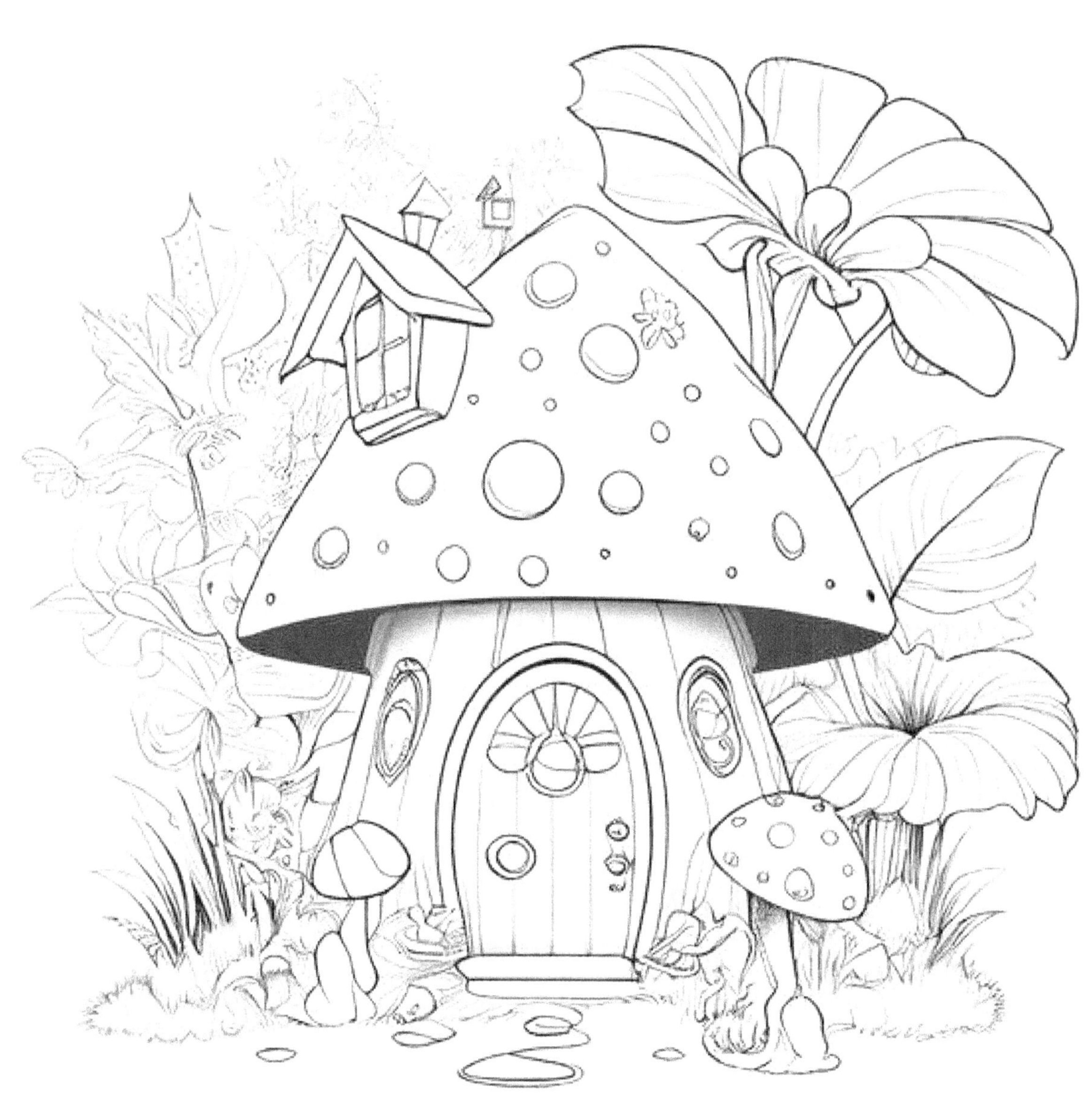

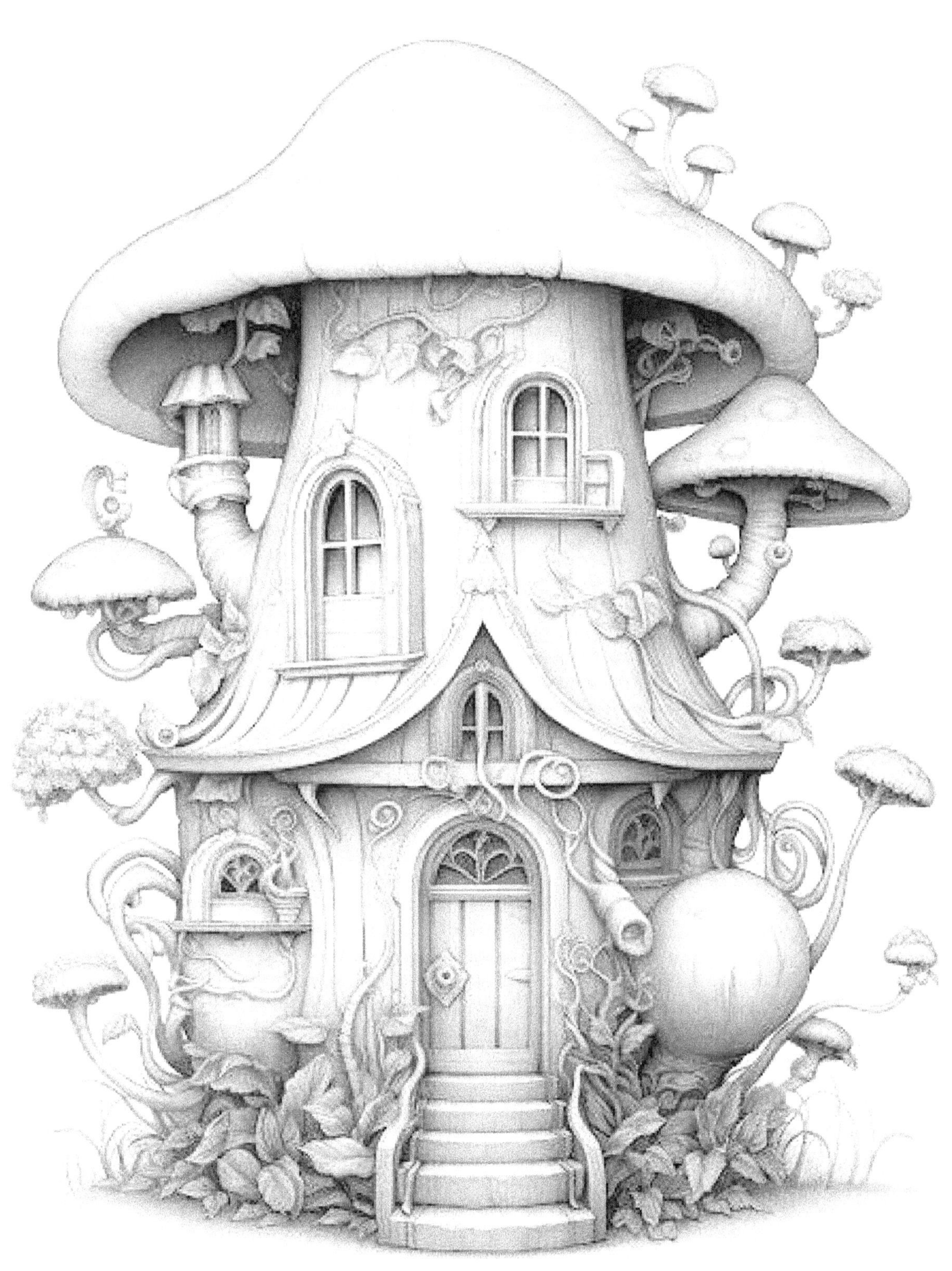

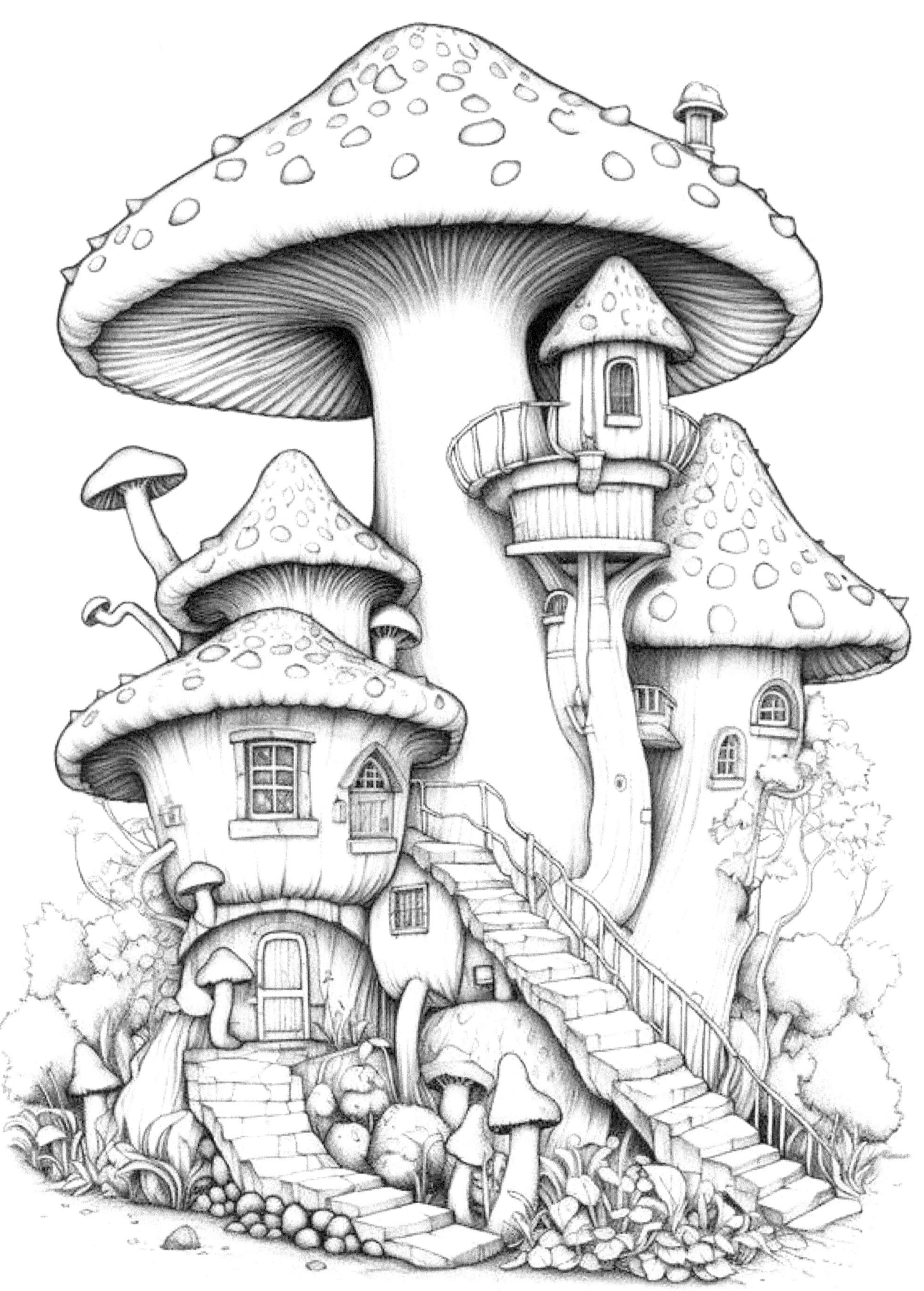

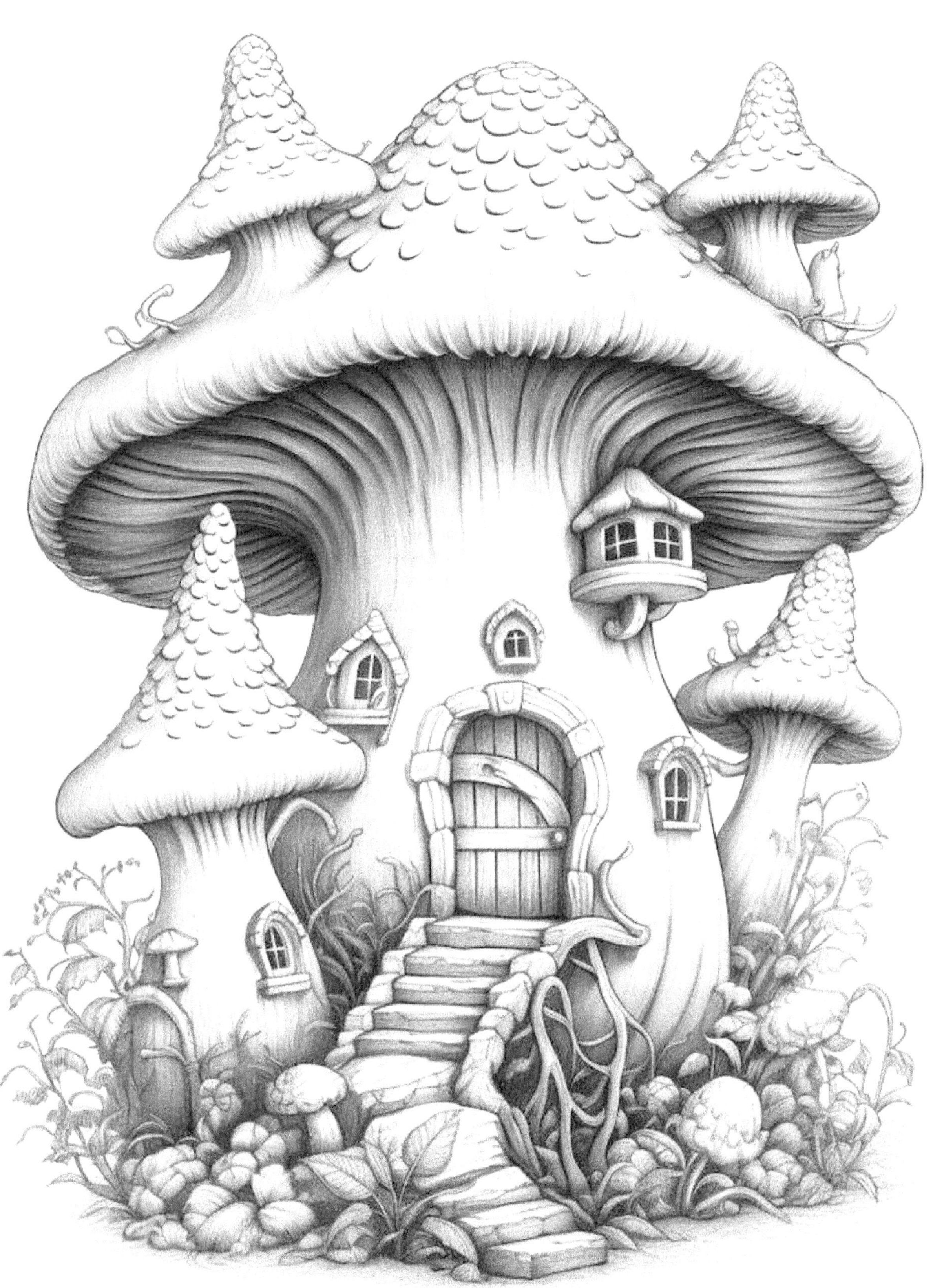

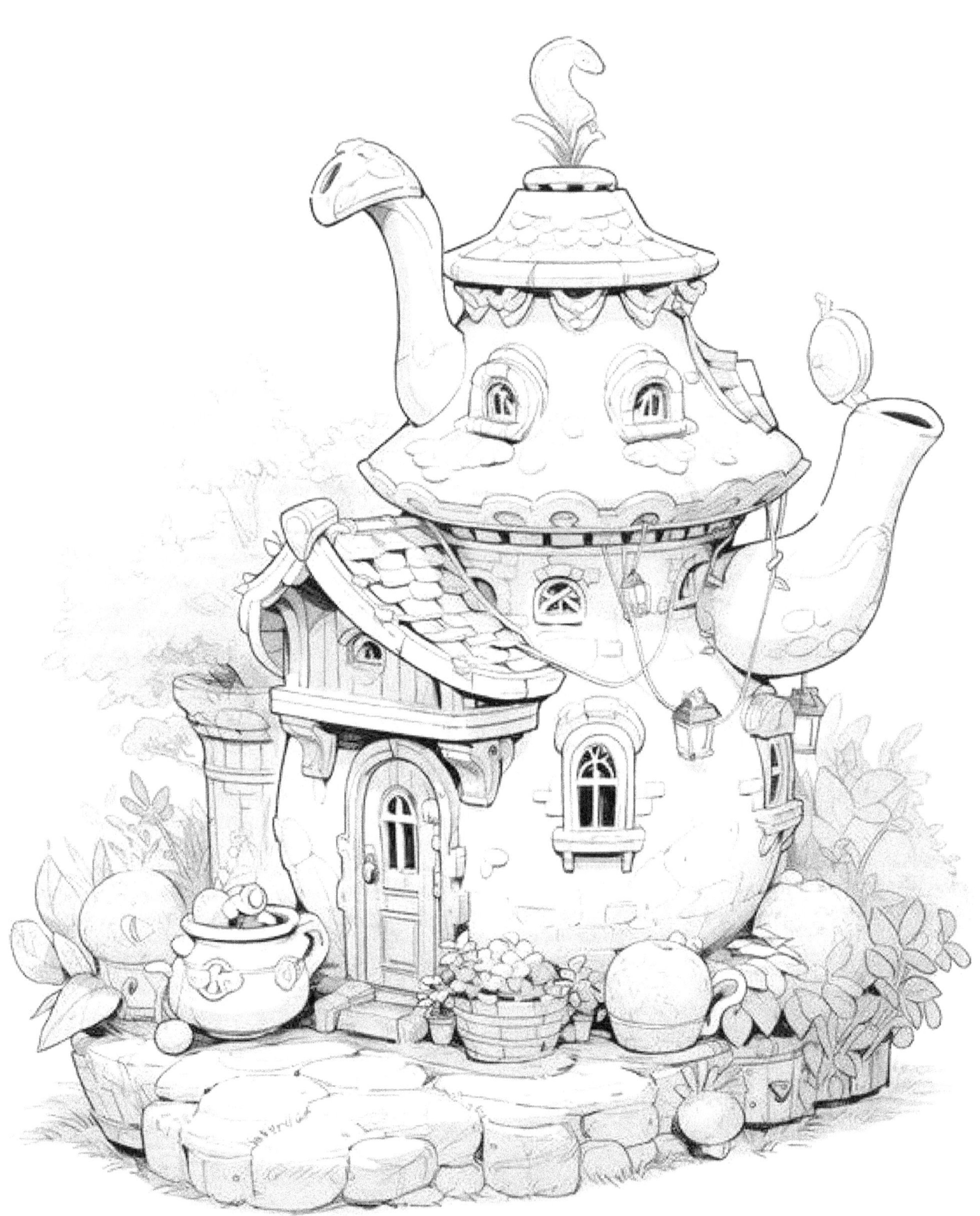

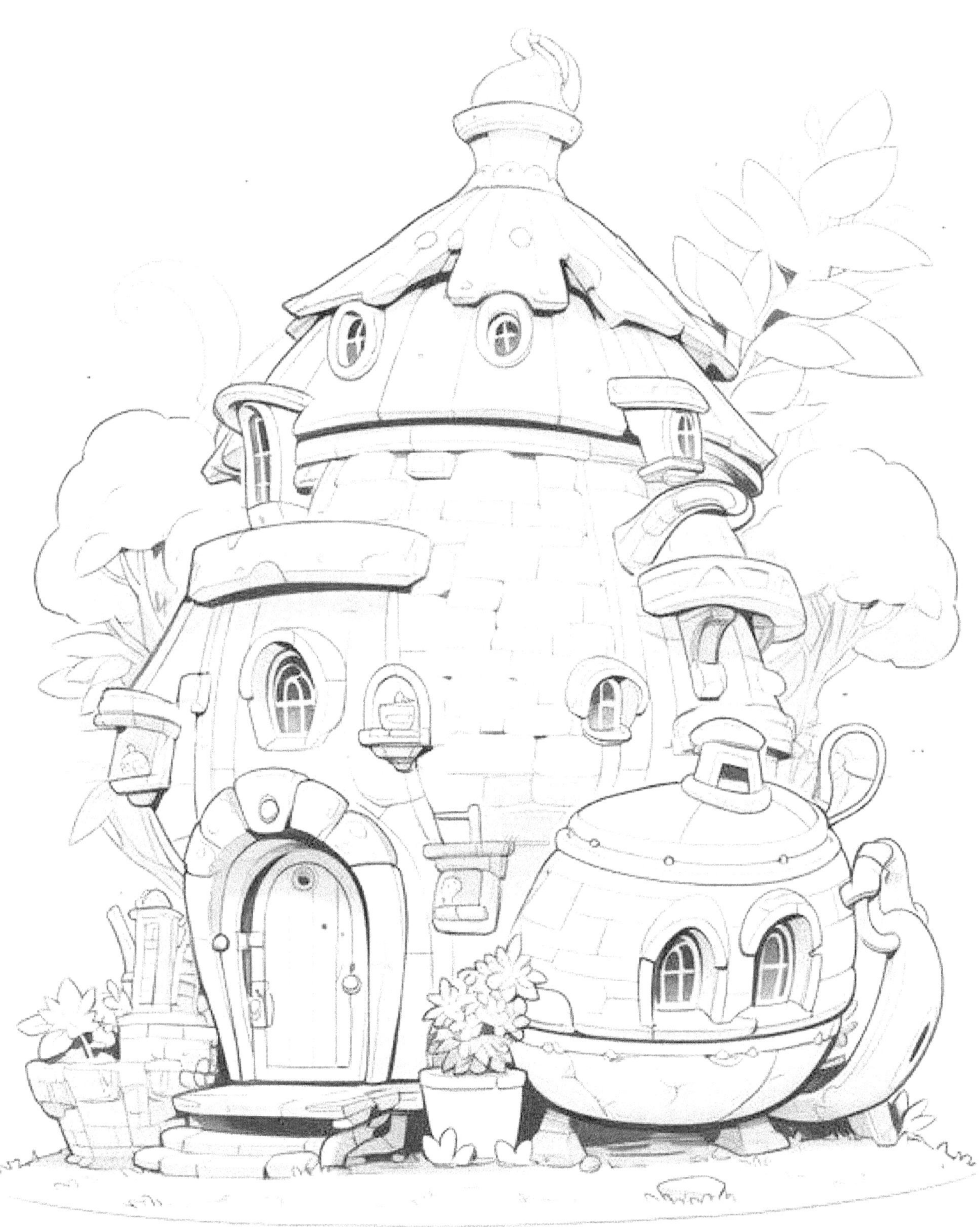

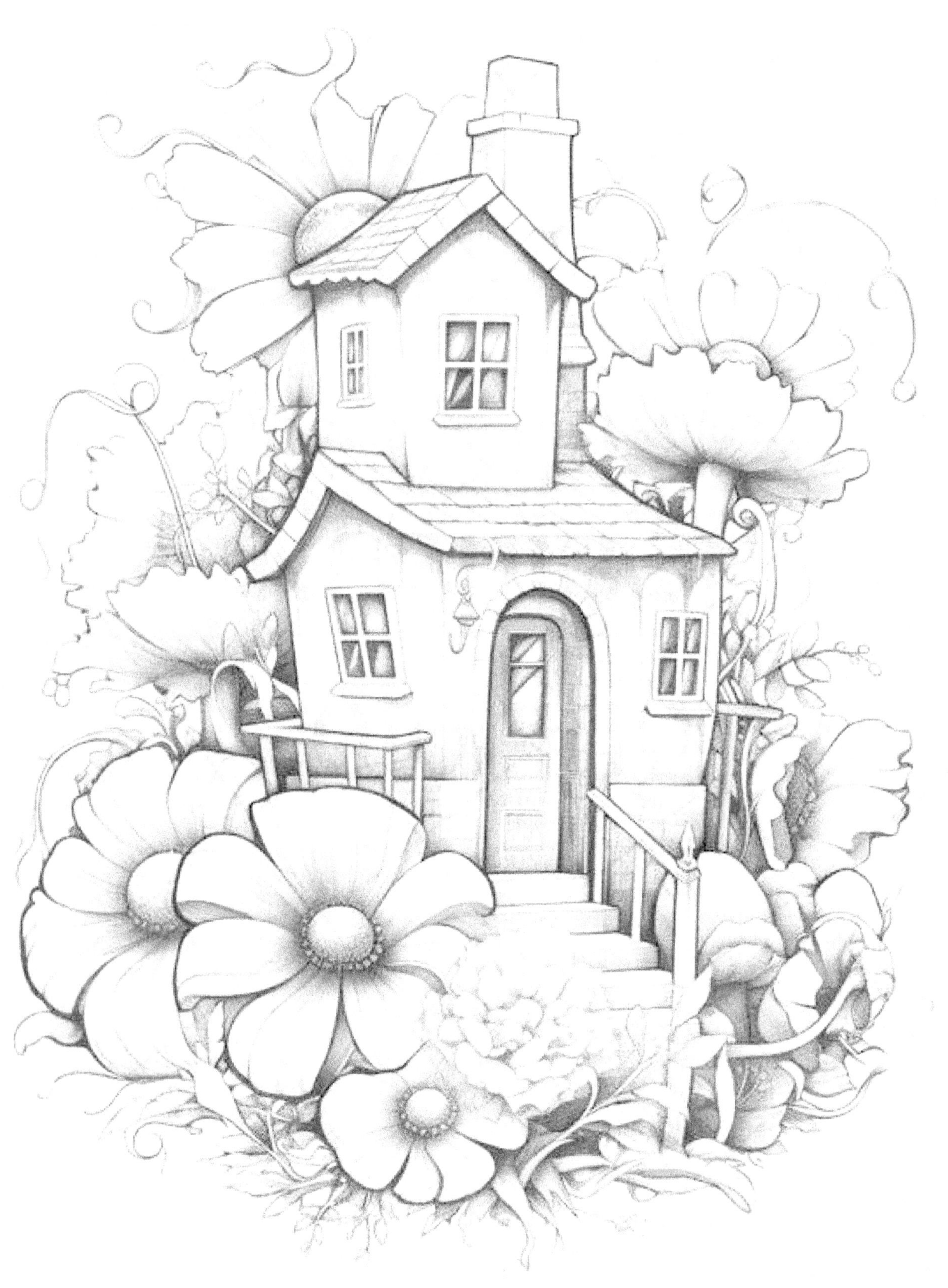

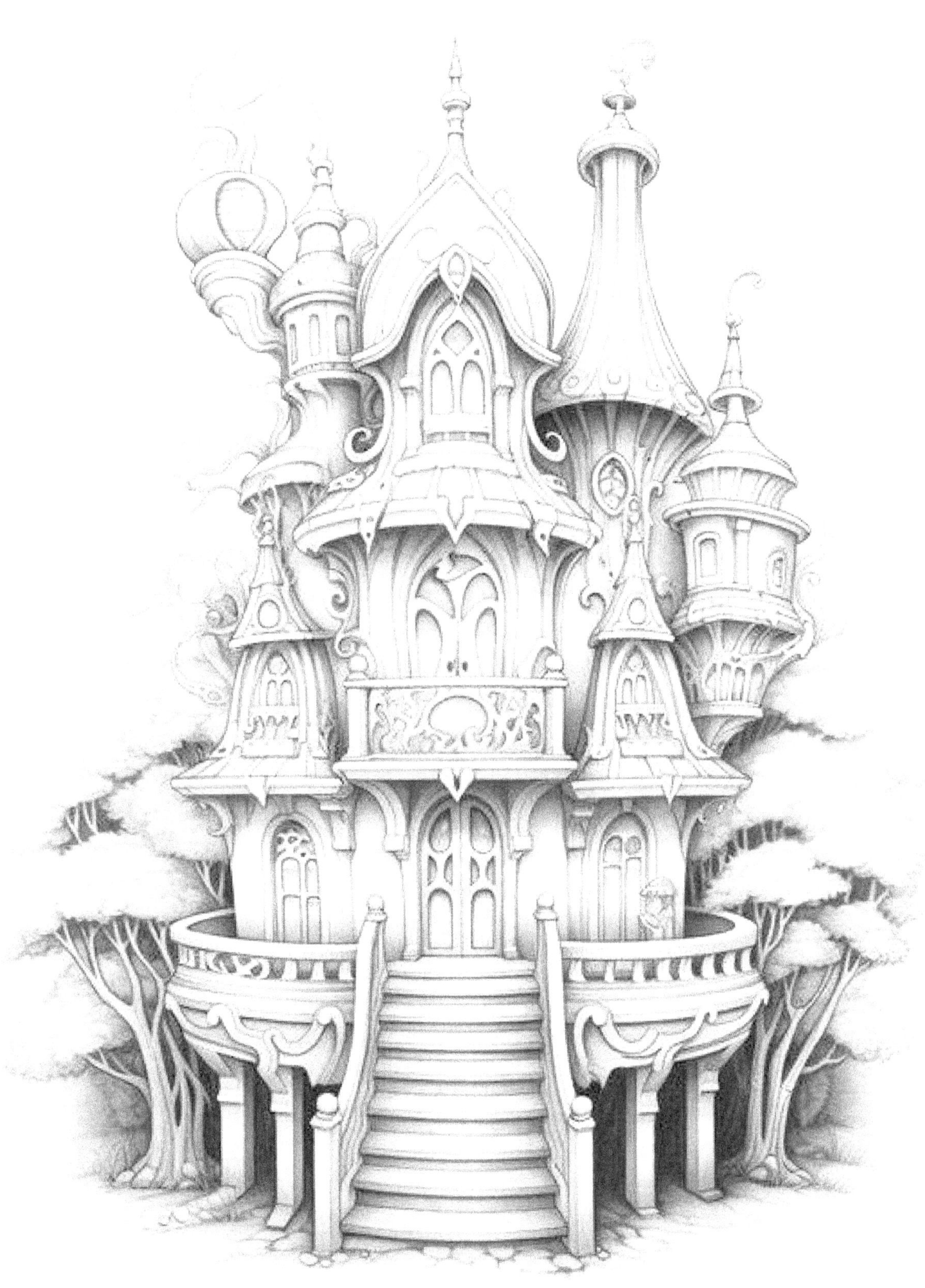

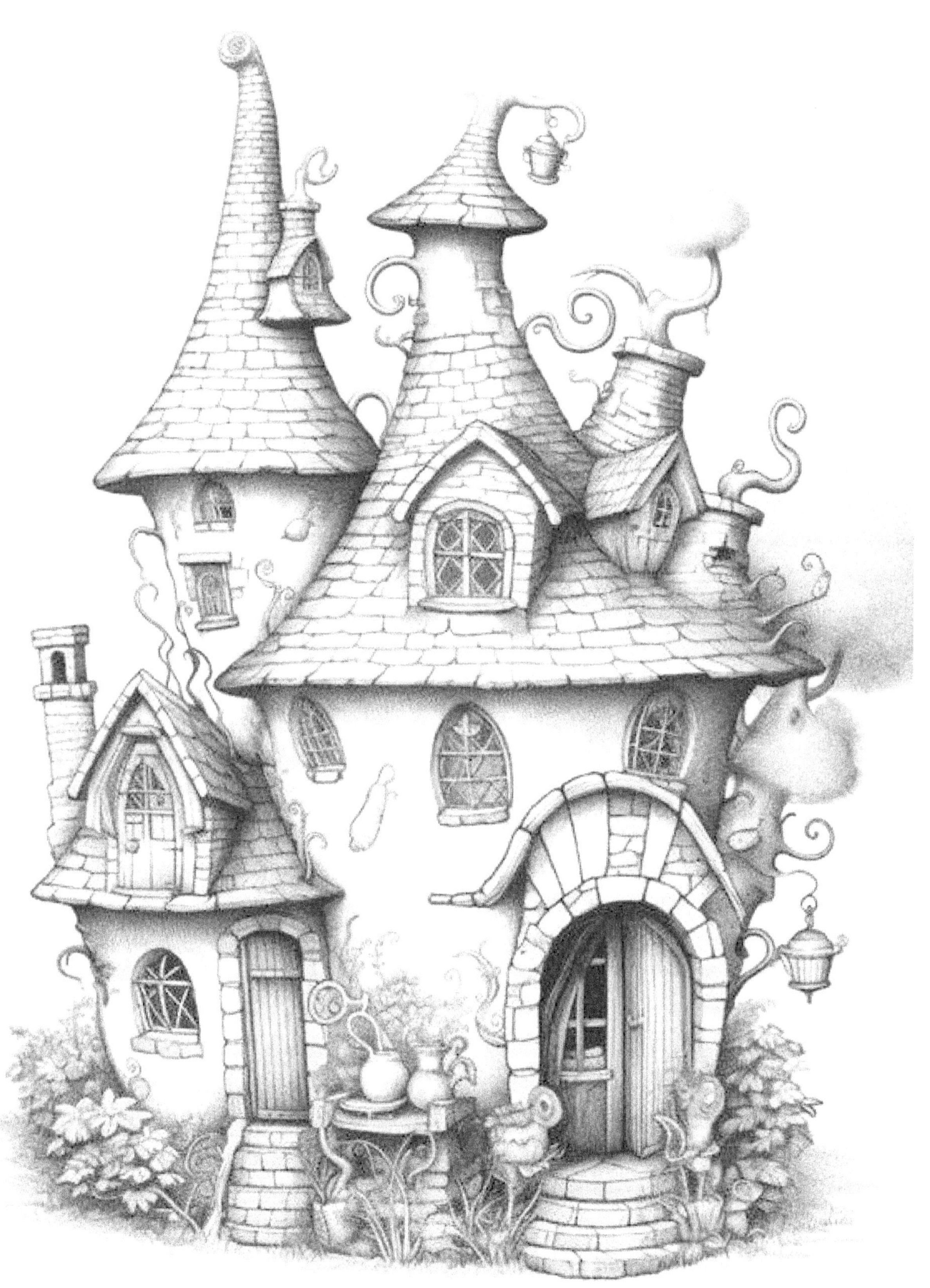

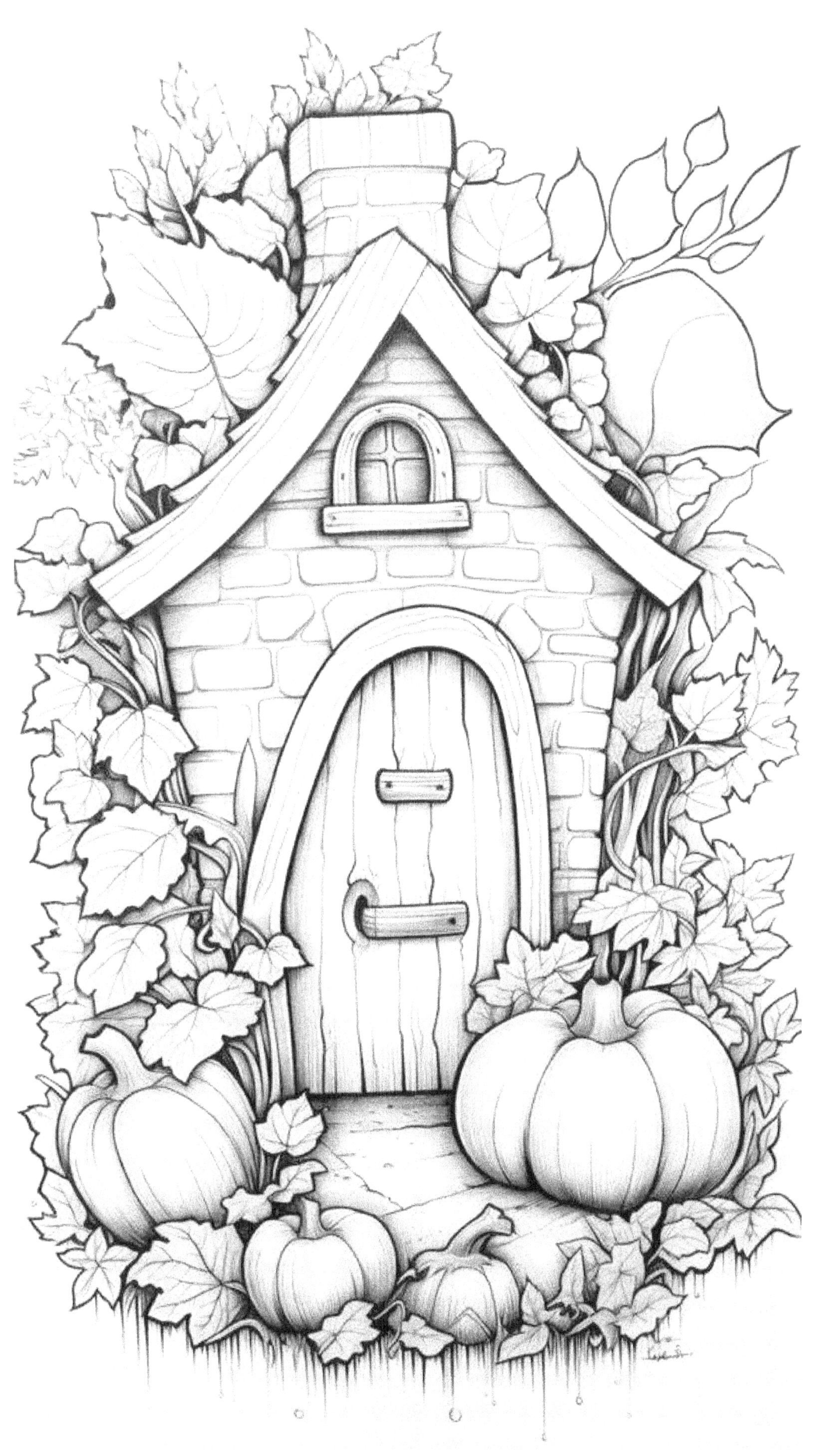

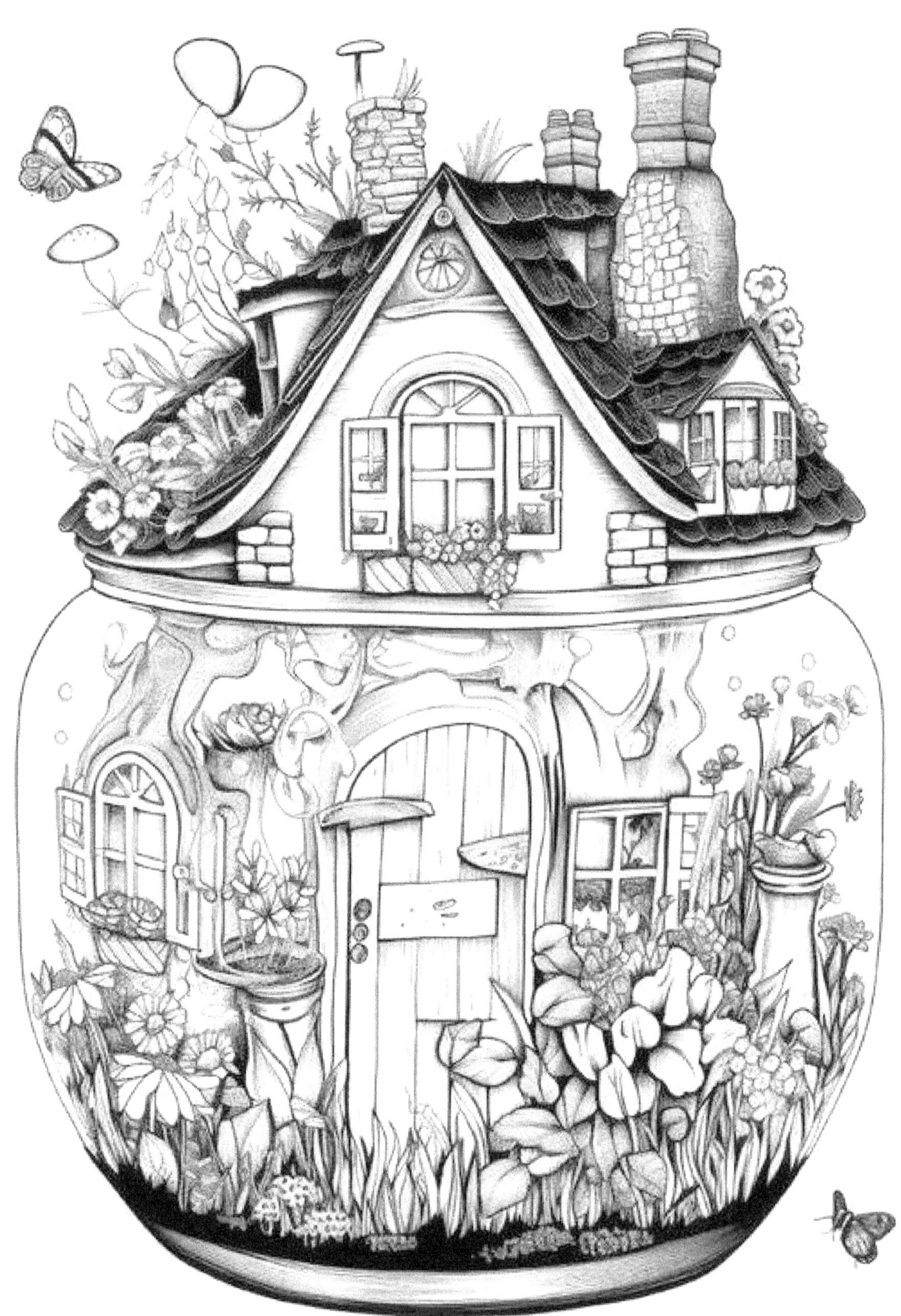

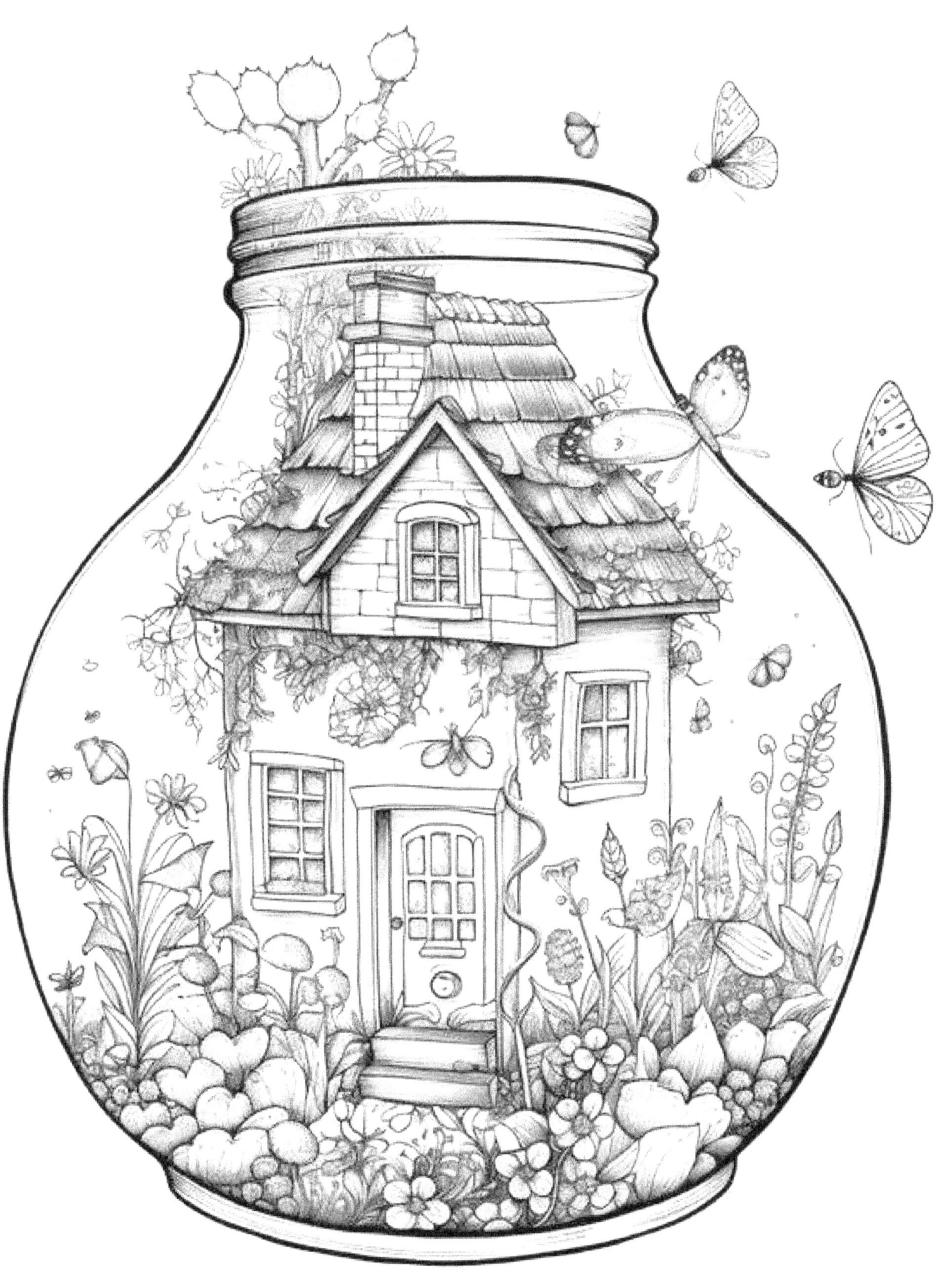

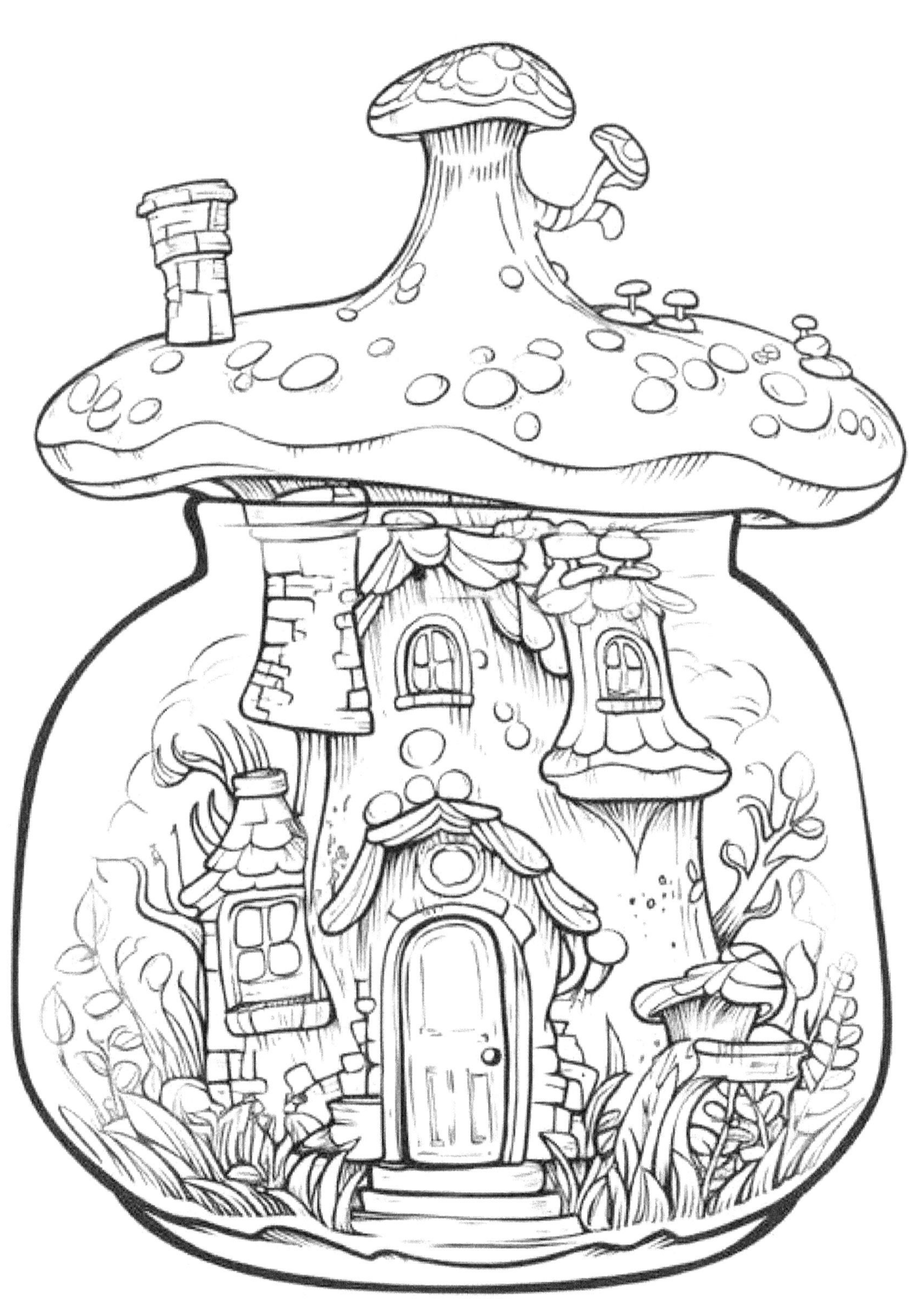

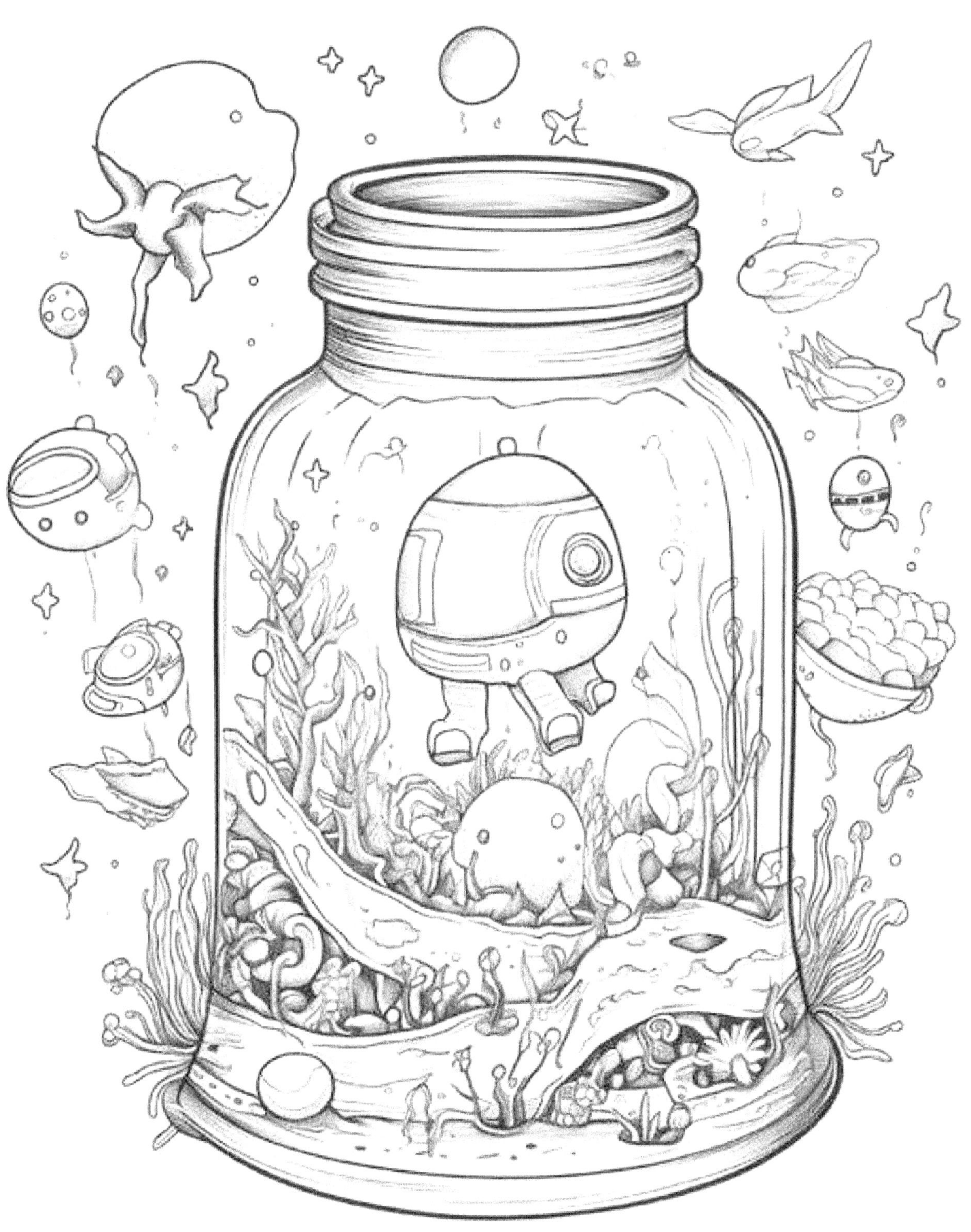

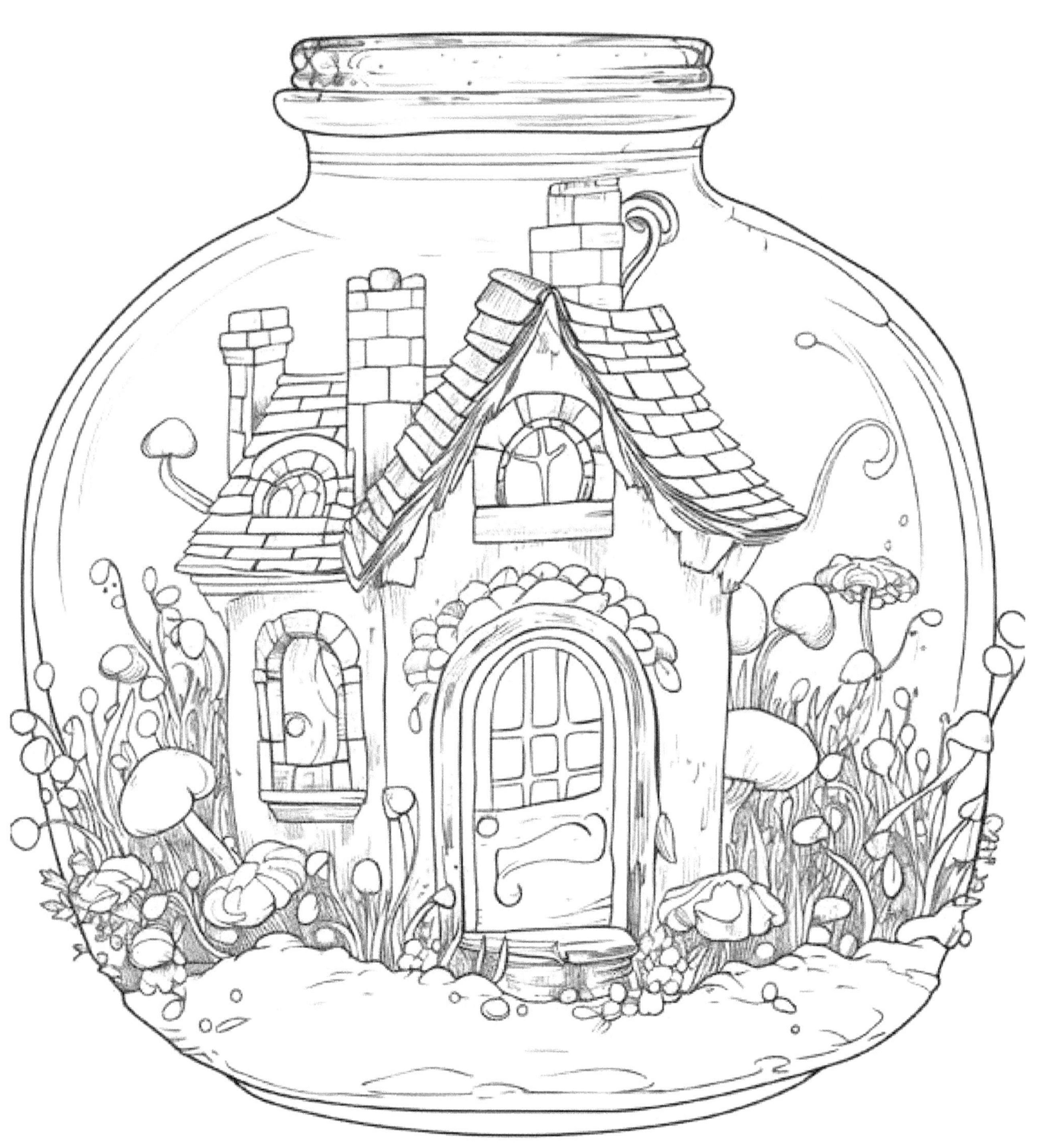

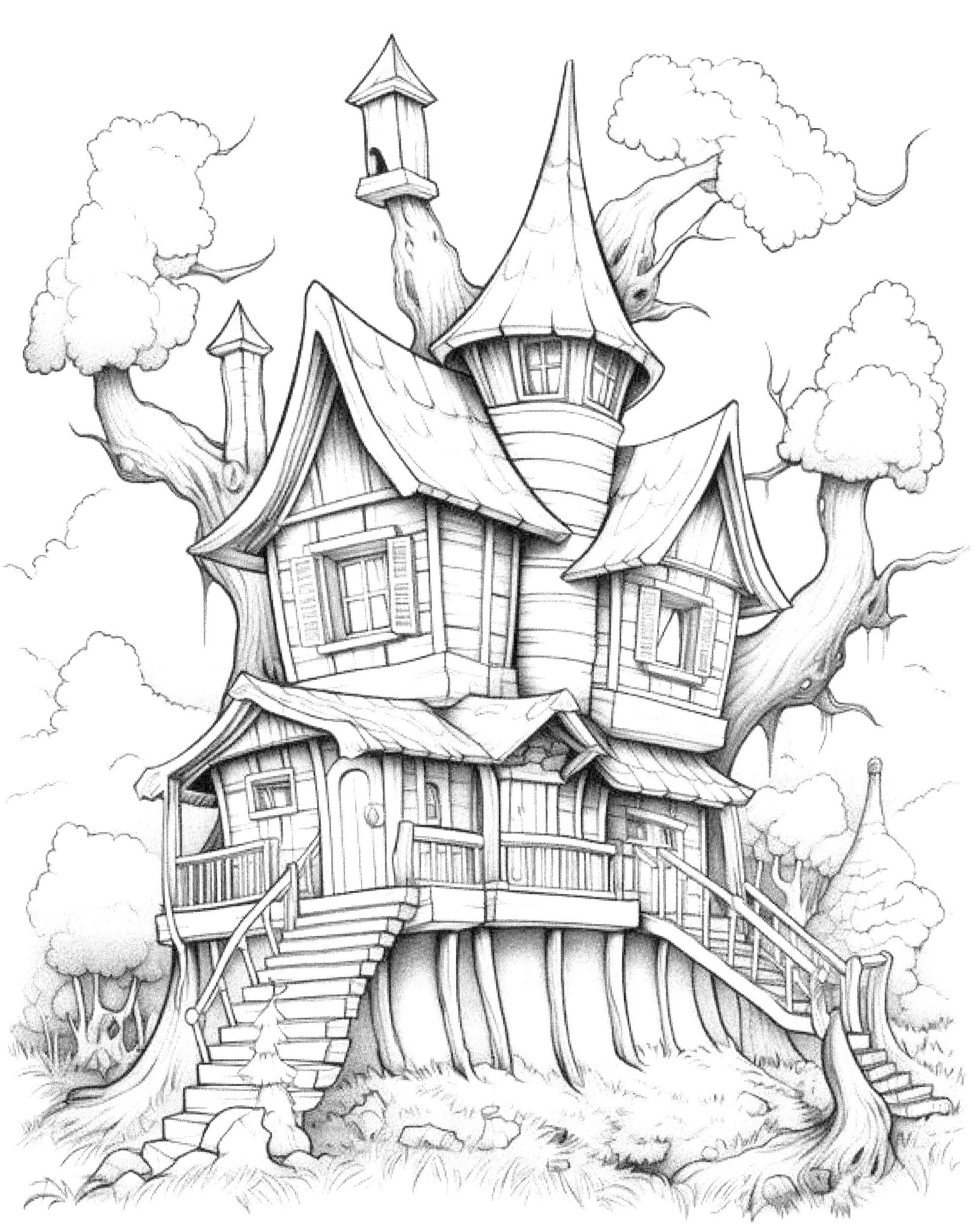

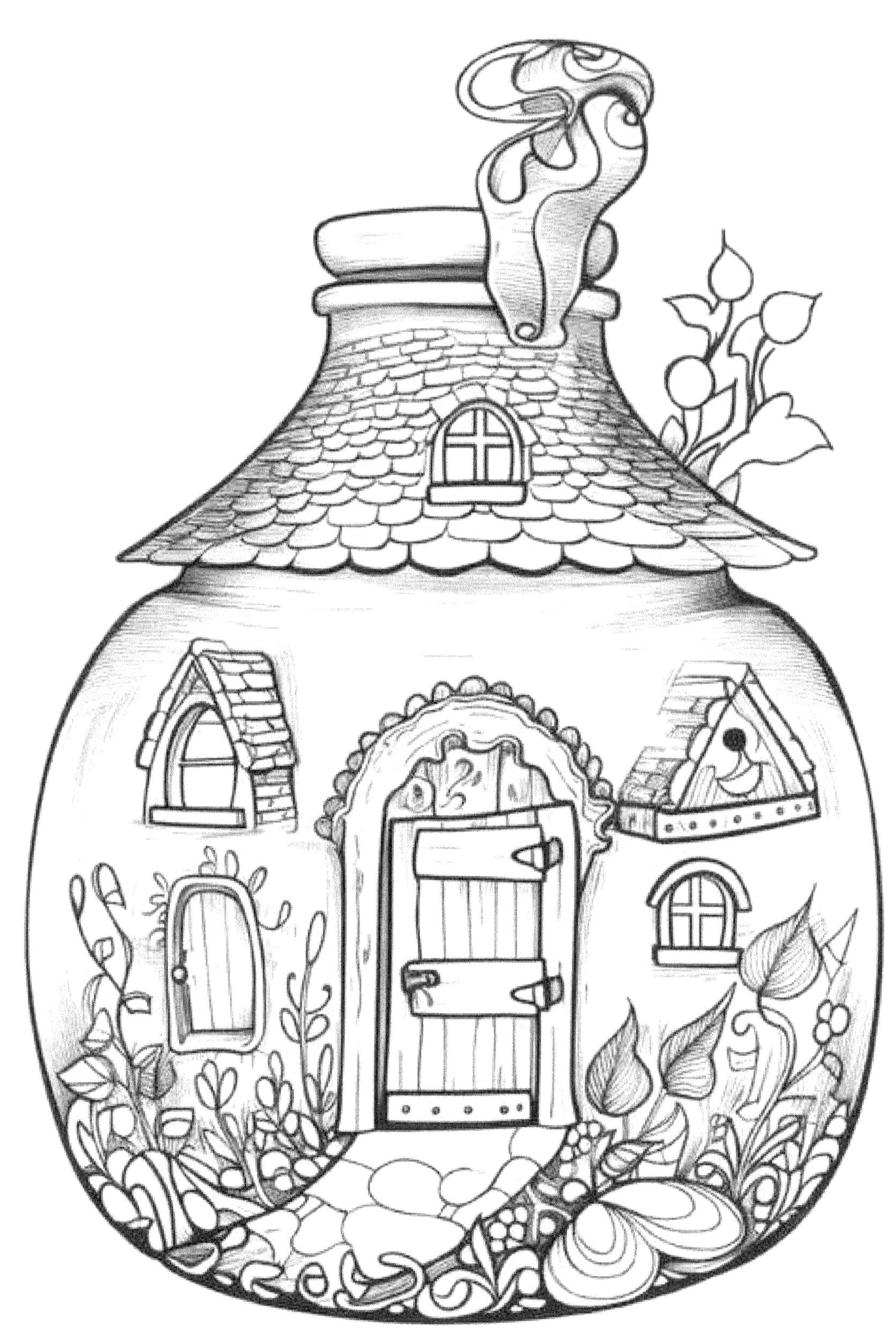

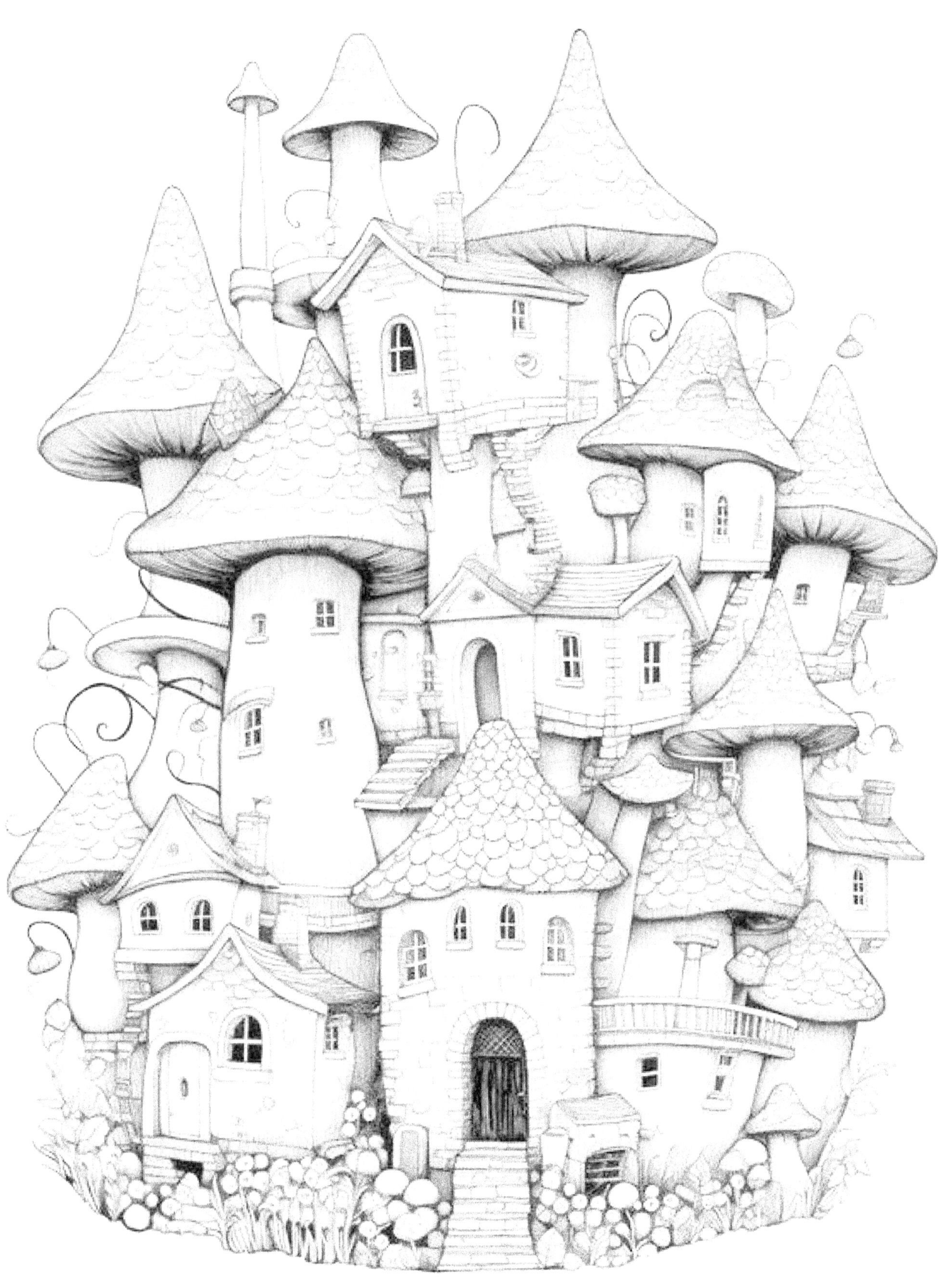

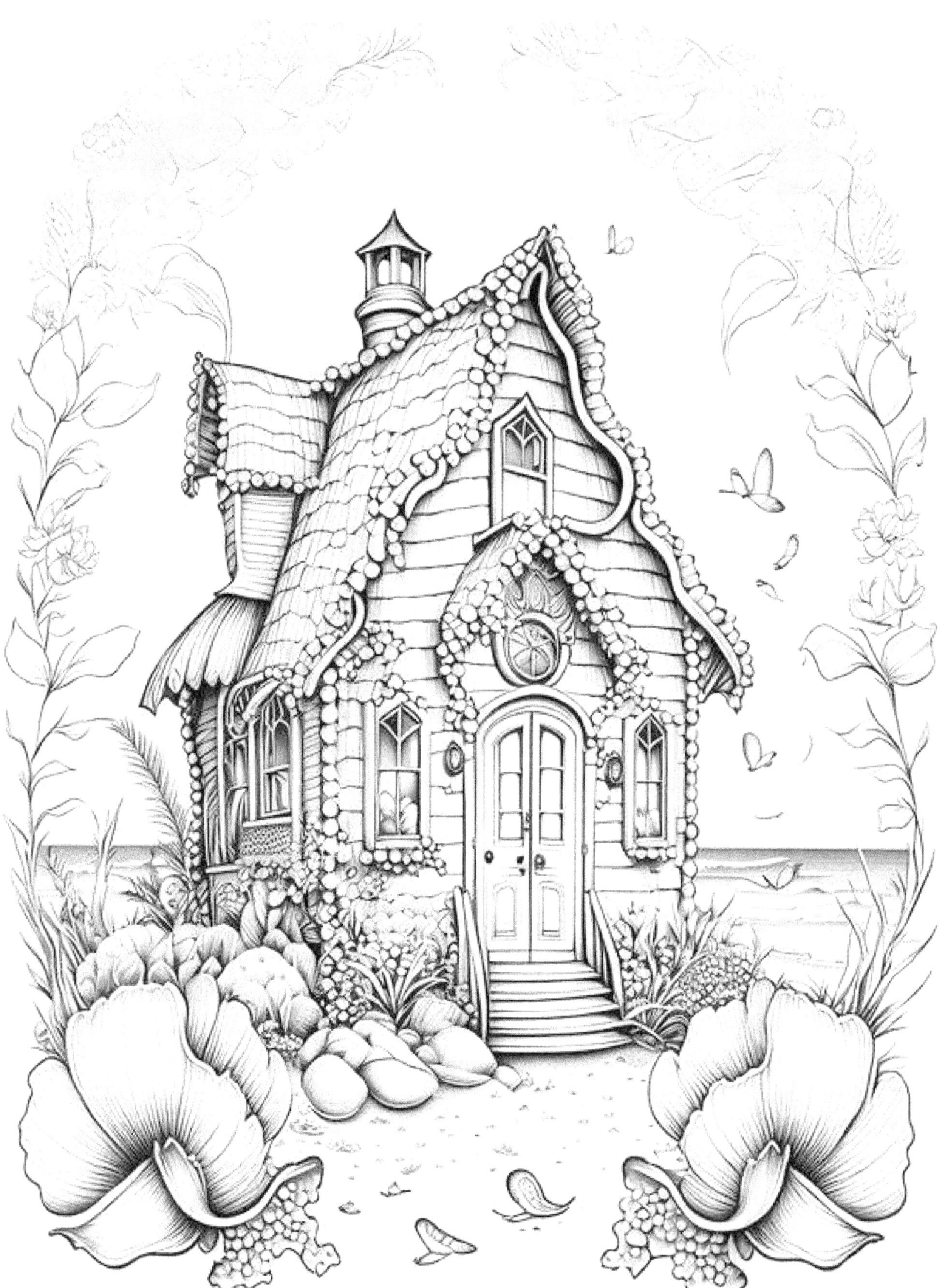

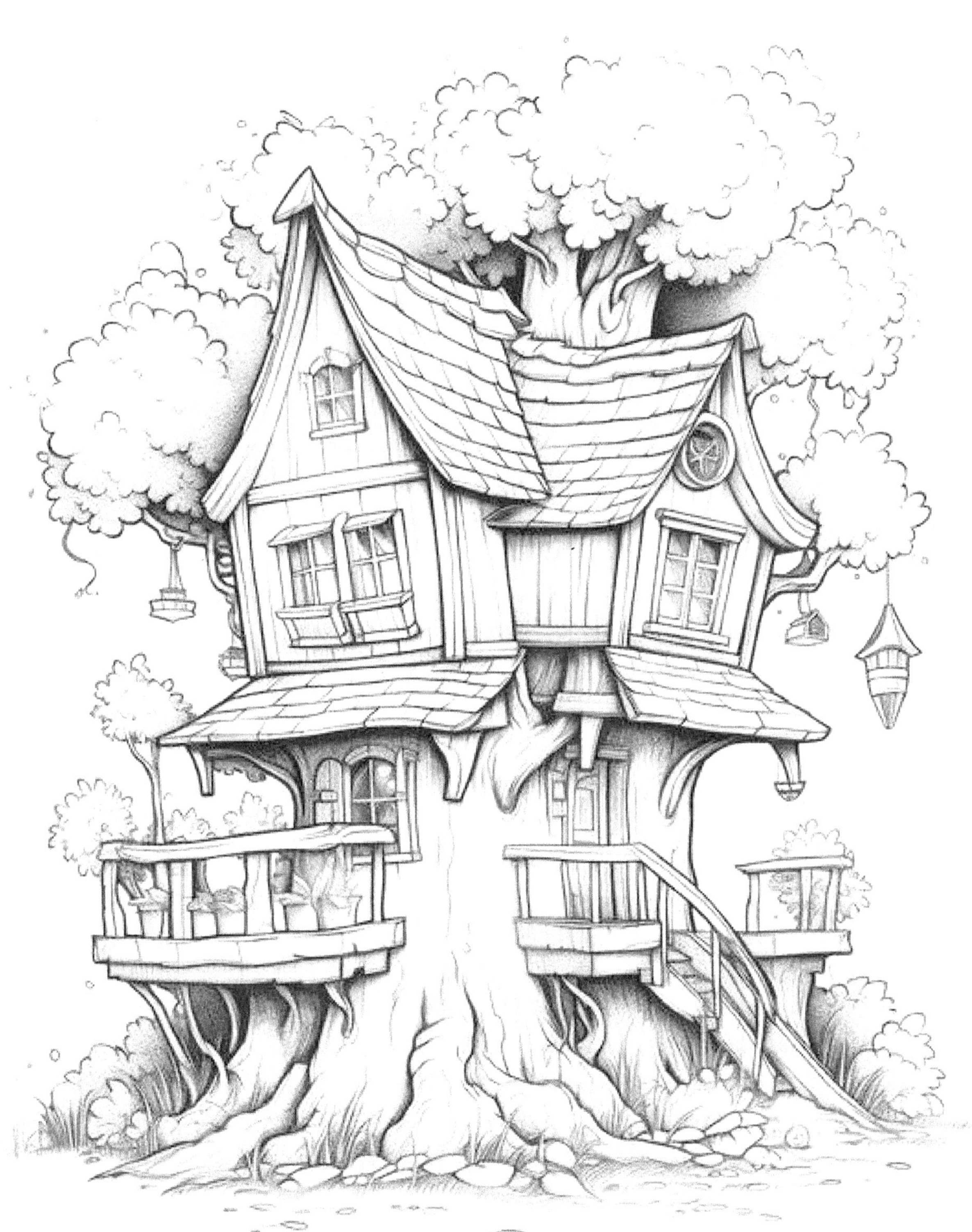

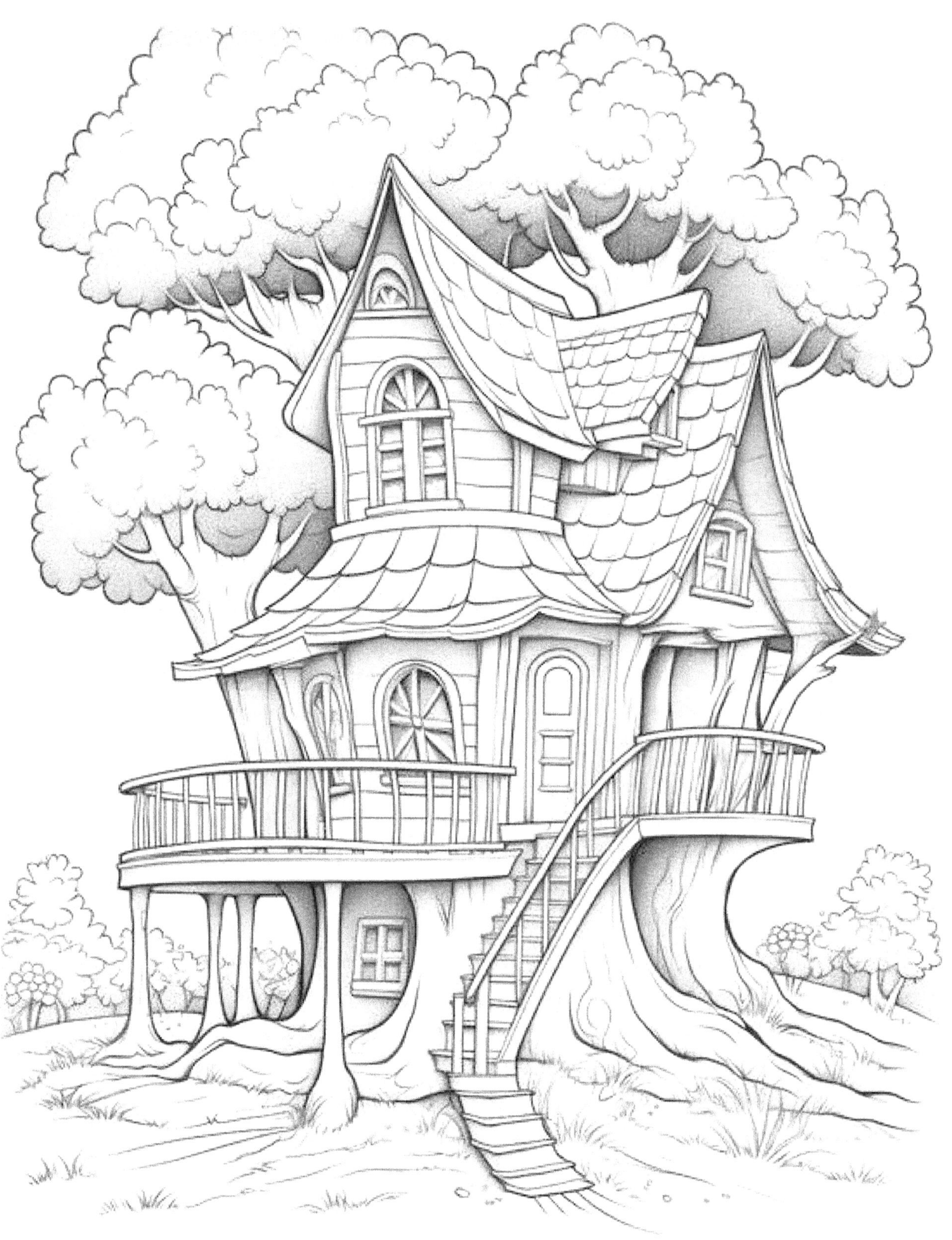

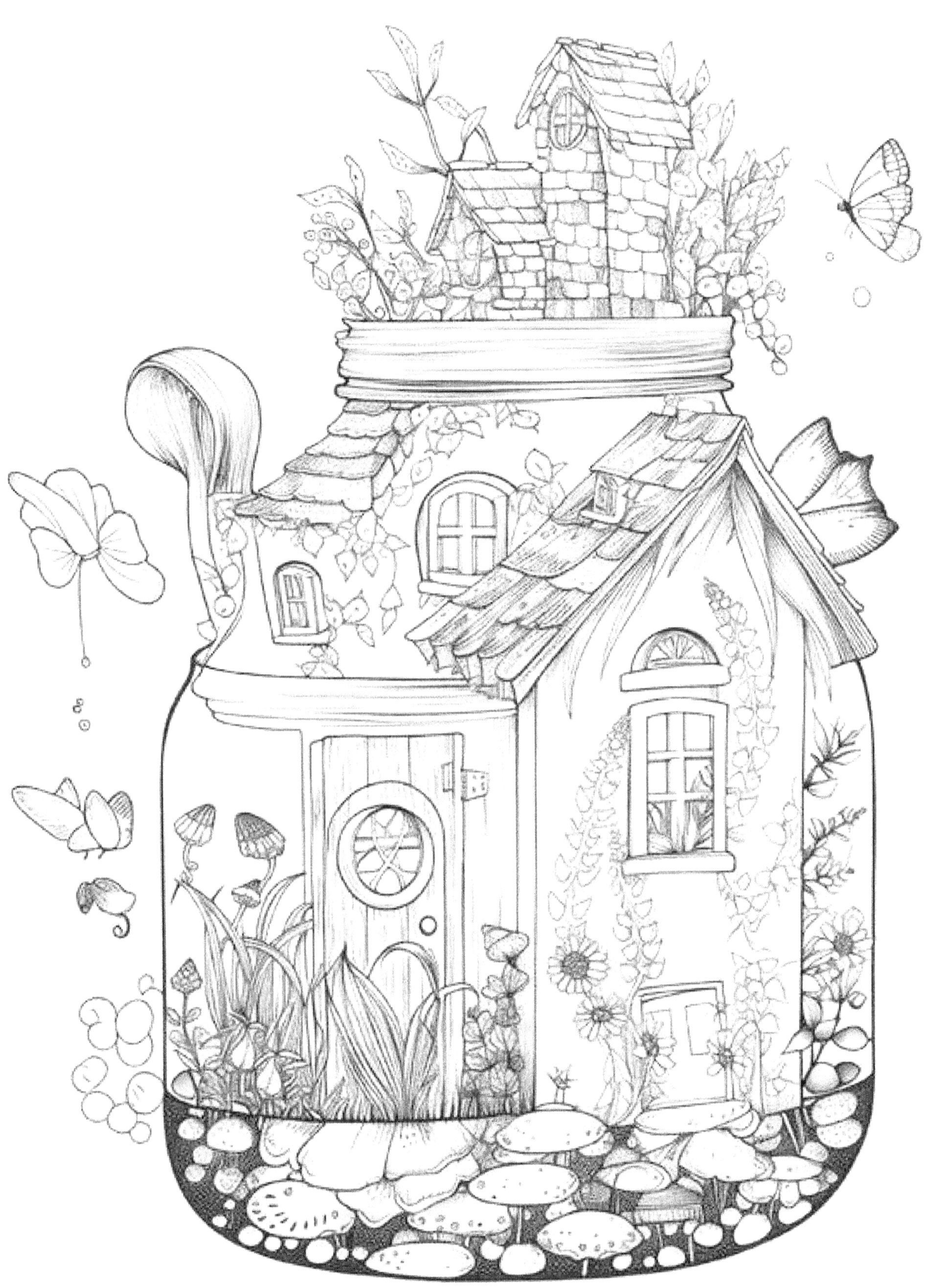

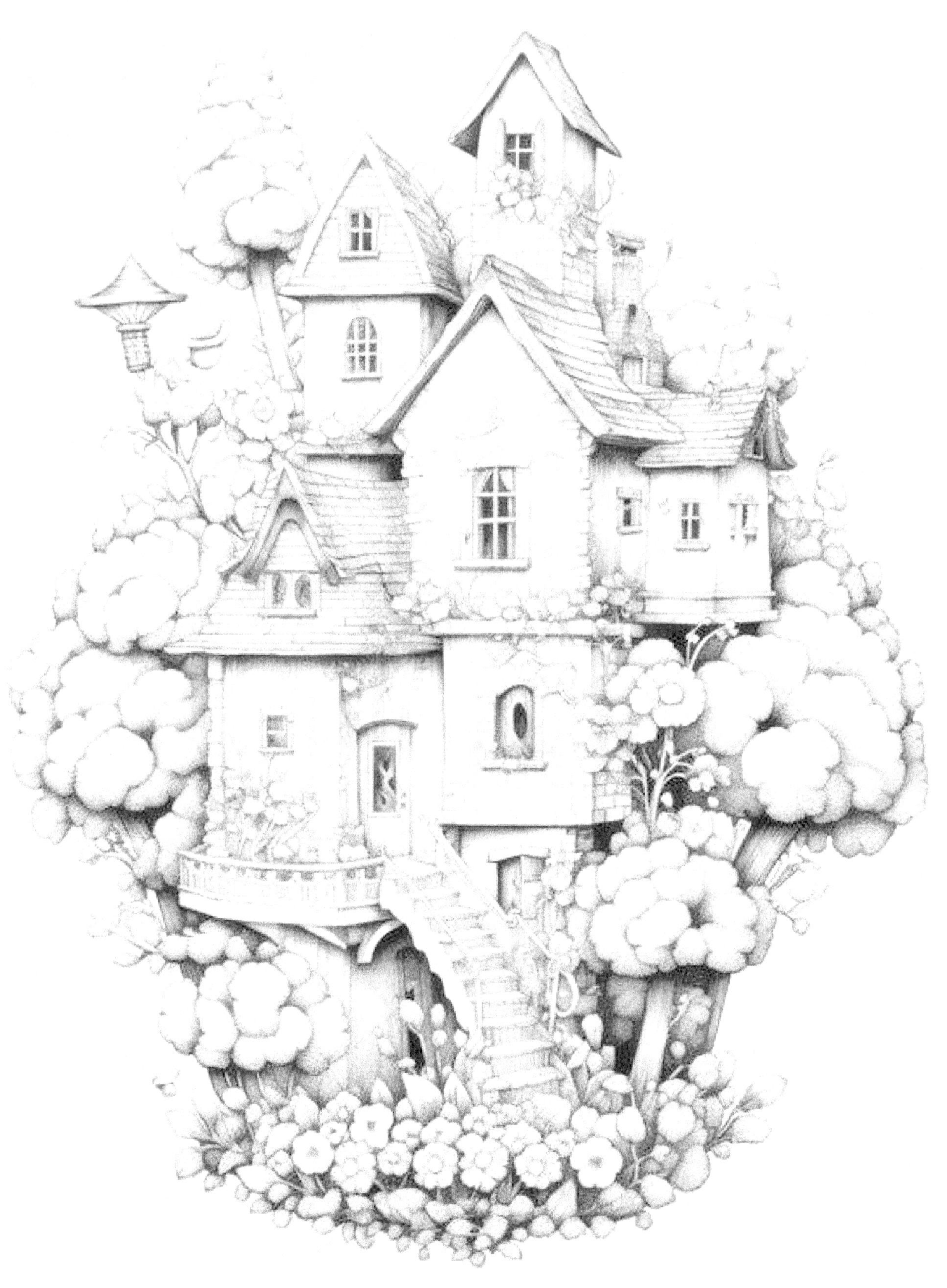

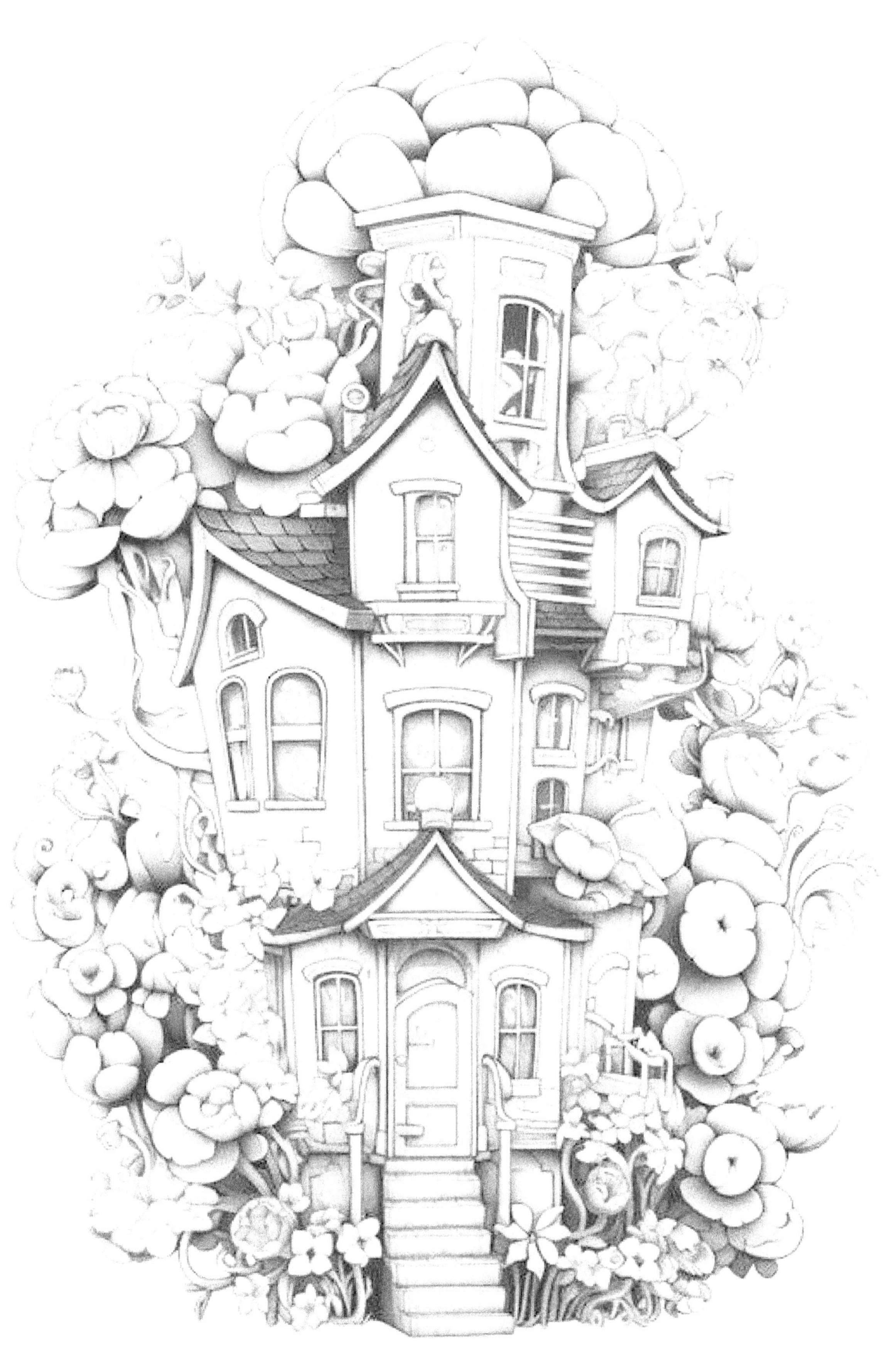

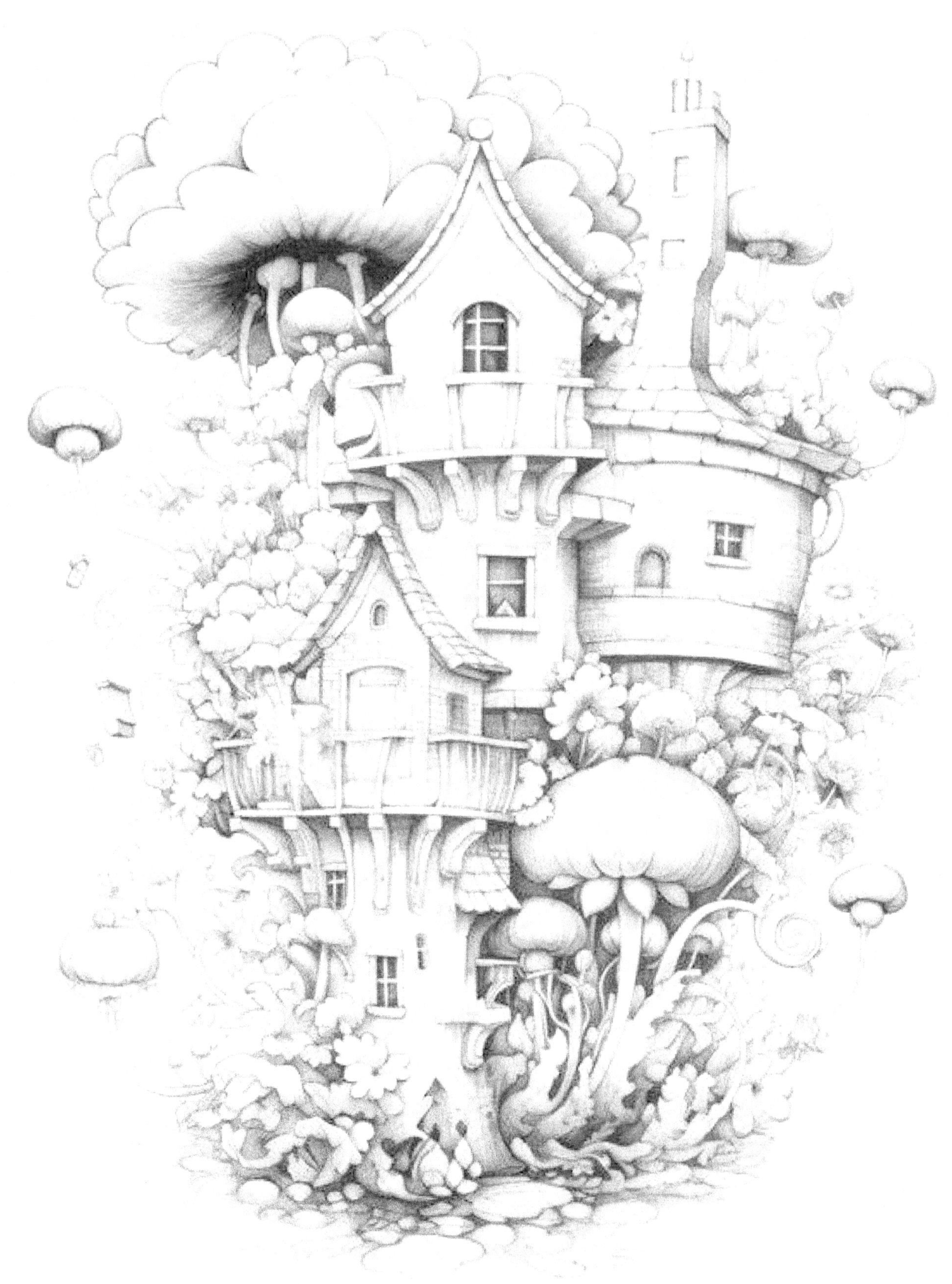

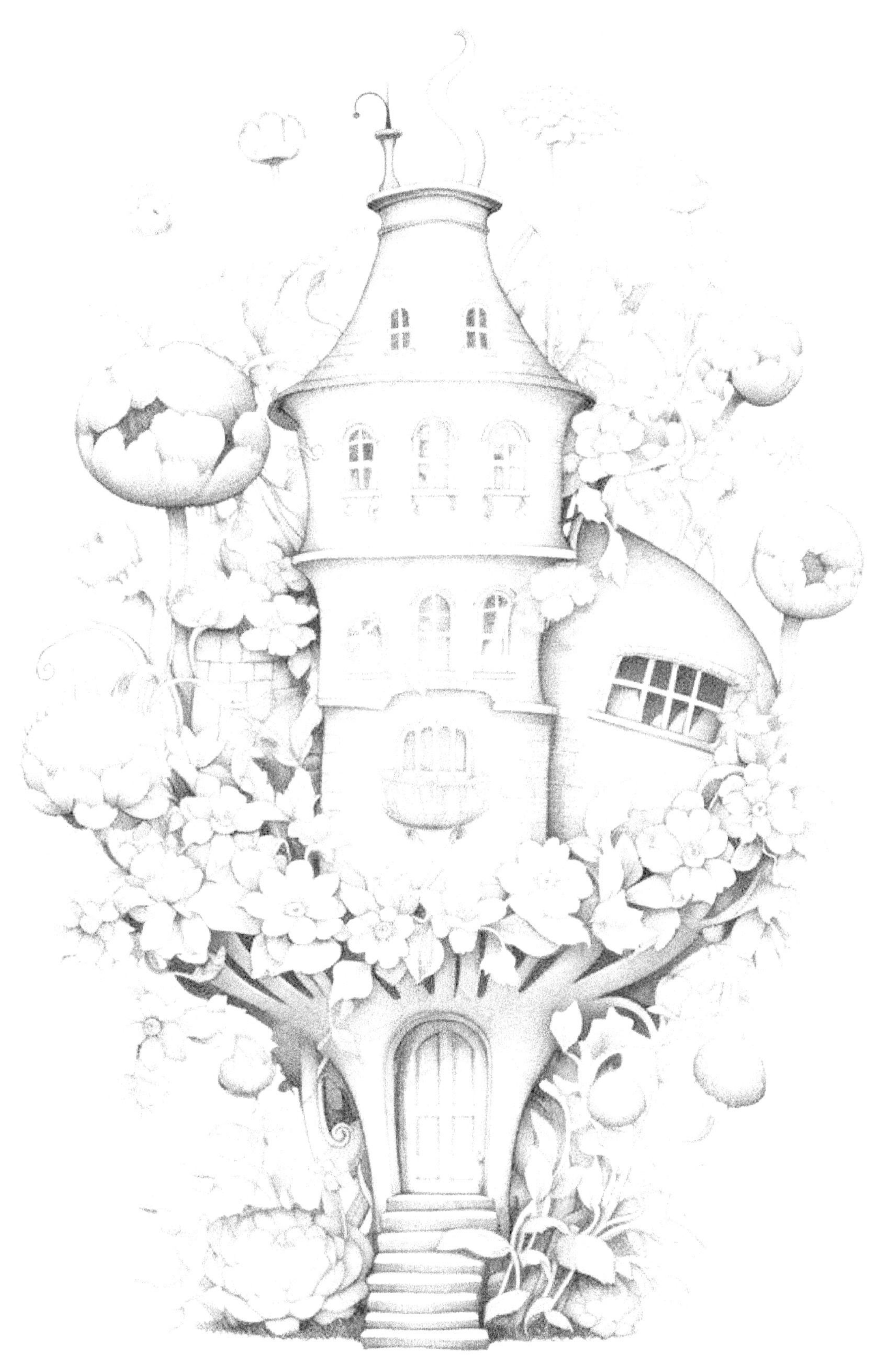

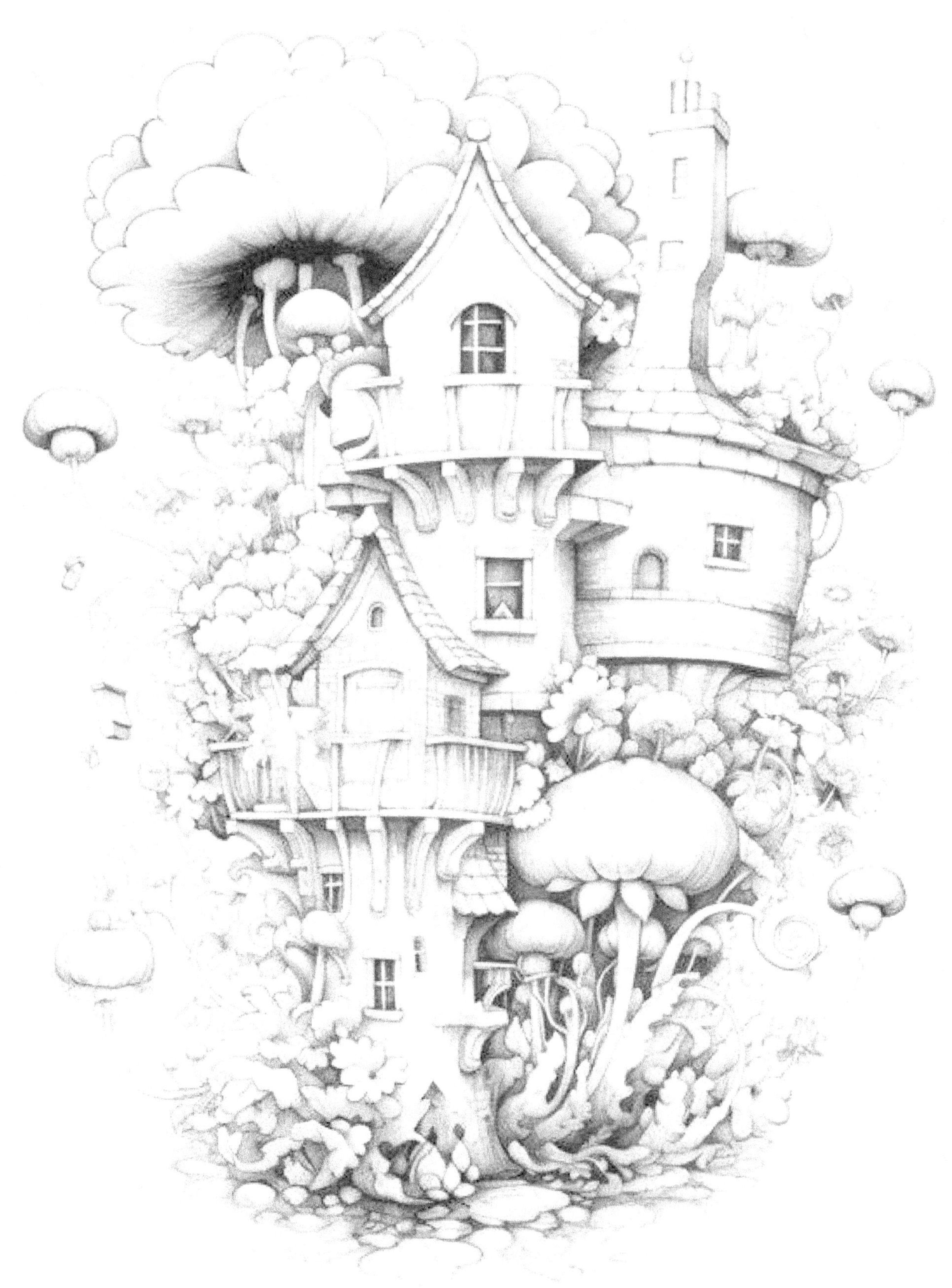

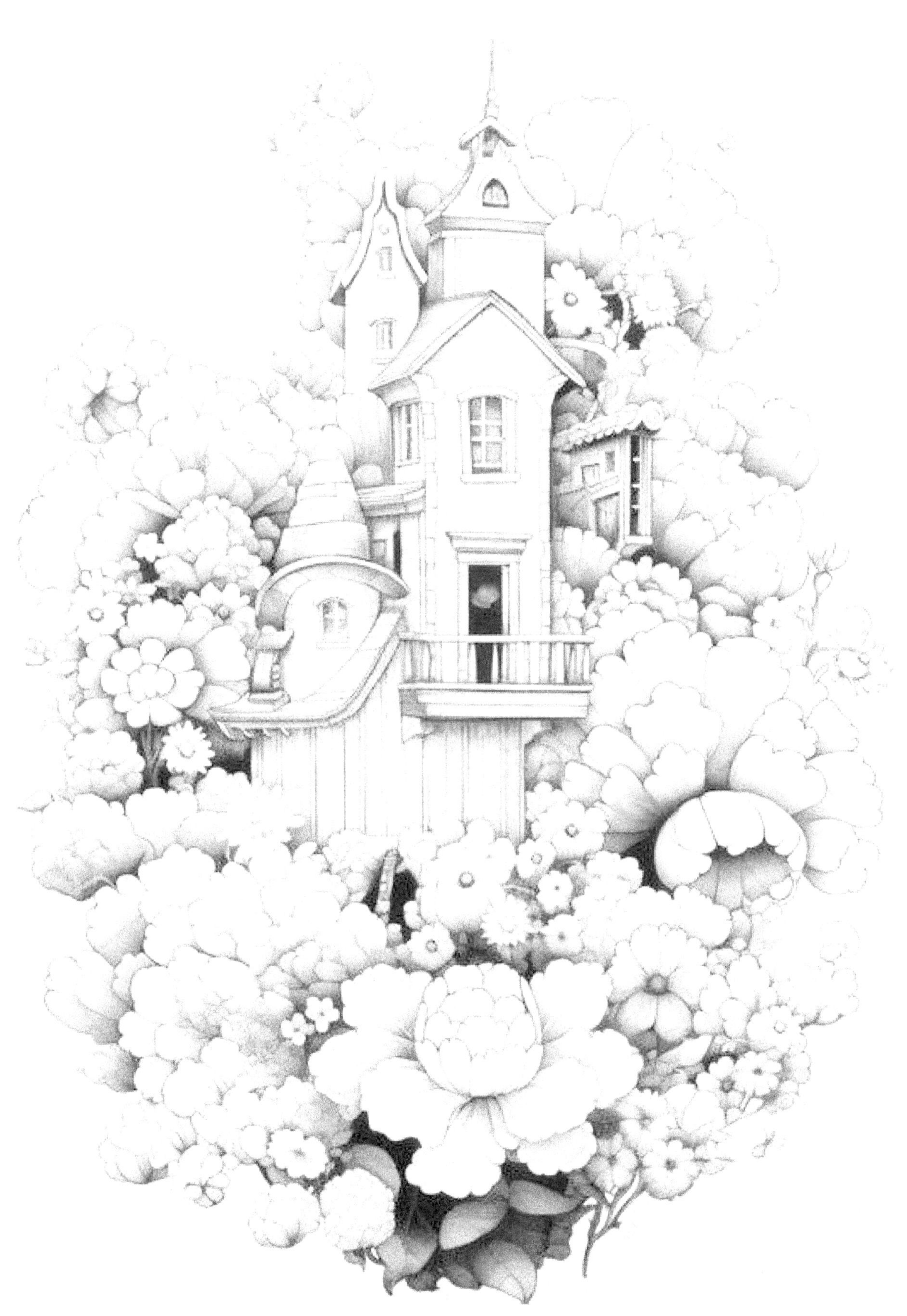

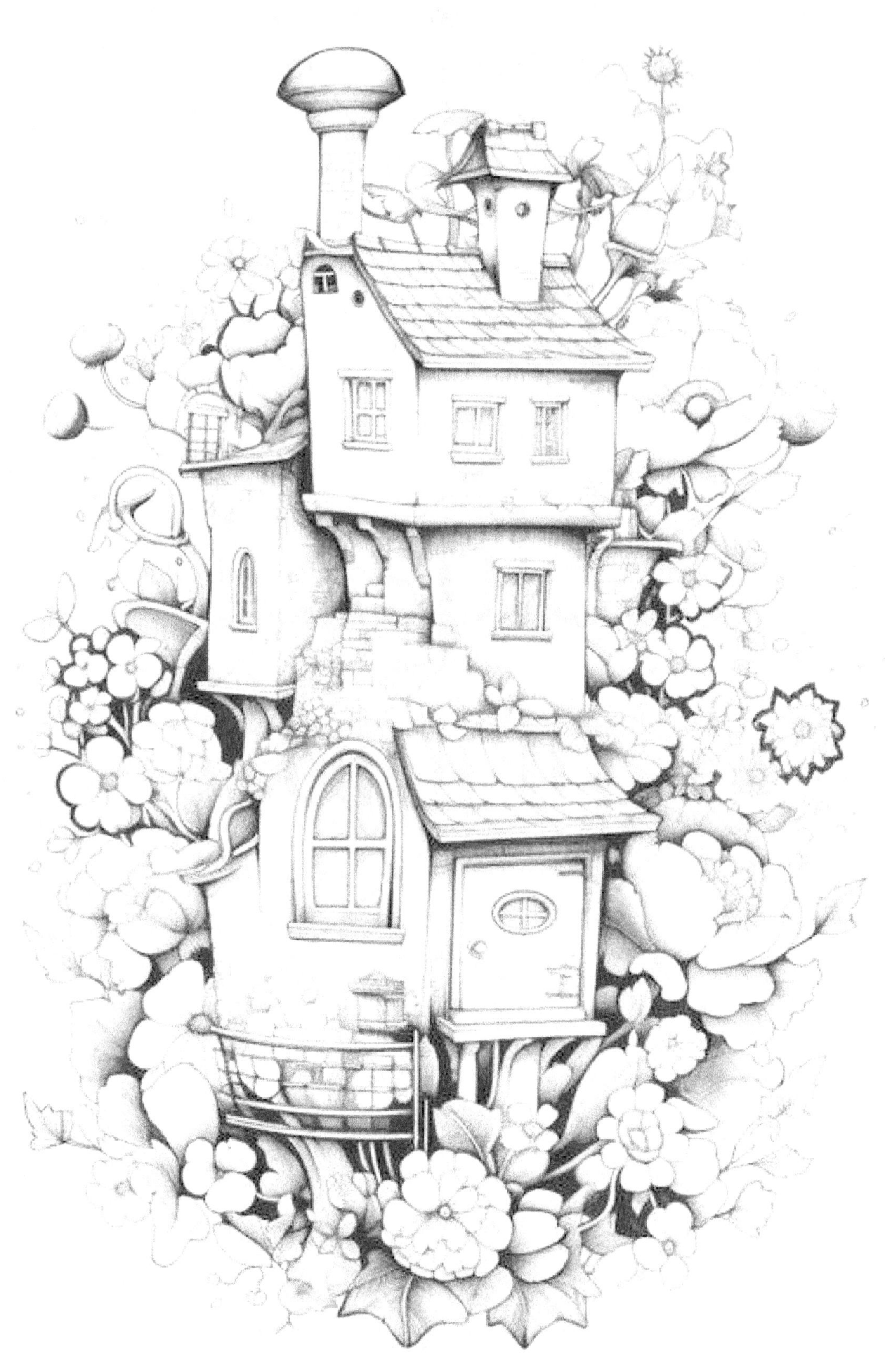